Carmen Melia Hinz

Befreites Selbst – Der Auftakt

.

AF191534

Carmen Melia Hinz

Befreites Selbst

Der Auftakt

Bibliografische Information der Deutschen Nationalbibliothek: Die Deutsche Nationalbibliothek verzeichnet diese Publikation in der Deutschen Nationalbibliografie; detaillierte bibliografische Daten sind im Internet über http://dnb.dnb.de abrufbar.

Website der Autorin: www.befreites-selbst.com

Verlag: BoD · Books on Demand GmbH, Überseering 33, 22297 Hamburg, bod@bod.de

Druck: Libri Plureos GmbH, Friedensallee 273, 22763 Hamburg

ISBN: 978-3-8192-7658-3

In Liebe, ein Buch für uns alle!

Euer Komitee der Weisen

Für Paul – meinen Anker, meine Liebe, mein Licht!

Für Andrea – in tiefer Dankbarkeit!

Für euch!

PROLOG

So seht ihr euch nun gegenüber eurer selbst! Eine wahrhaft spannende Reise ist euch aufgetan, allerlei Stationen wird sie haben, viele Freunde wird sie treffen, euch bekannt machen, wieder bekannt machen, kanntet ihr uns doch schon aus längst vergangenen Zeiten!

Wiedererkennen werdet ihr so manchen Aspekt von uns, unsere Schwingung, unser Sein! An unserem Sein sollt ihr uns erkennen, an unserem nicht wertenden, immerwährenden, erträglichen, aufs Dienlichste ERTRÄGLICHEN Sein!

Immer an euch ausgerichtet, nie an uns, wollen wir euch sehen, euch begreifen! Immer an euch! An euch selbst werdet ihr wachsen, heranranken, werdet euch begreifen als die, die ihr SEID! Wahrhaft SEID!

An eurem Sein werdet ihr EUCH erkennen, endlich erkennen! Eine zarte Ahnung wohnt euch inne, werdet ihrer habhaft – den Weg dahin zeigen wir euch gerne!

Auf dann, liebe Schüler, auf dann! Folgt der Schülerin Melia durch diese Zeilen, folgt ihr aufs Innigste, denn an ihrem Beispiel, am Beispiel dieses ihrer Leben werden wir uns orientieren, es wird uns dienlich sein, Beispiel zu nehmen an dem, was es uns offenbart, euch offenbart, sich kritisch zeigt, auf dass uns allen geholfen ist!

Wahrlich keiner muss die gleichen Schritte zweimal abschreiten, und so wollen wir uns dessen bedienen, aus dem Speziellen der Schülerin auf das Allgemeine abzuzielen, euch

Richtung, Weisung, Weisheit zu geben, derer ihr alle bedürft, nach denen ihr gefragt habt, mit innigster Seele, von tiefstem Herzen gefragt habt!

Hier ist sie, eure Hilfe, was werdet ihr mit ihr anstellen? Werdet ihr ihr folgen, werdet ihr sie hinnehmen als das, was sie ist? Ein in Liebe abgedachtes Angebot, niemals mehr, niemals weniger! Nicht aufdrängen wollen, werden wir uns euch! Immer da, immer hier sind wir, hier, ganz bei euch, ganz in eurer Nähe!

Auf dass ihr gereift,
zu voller Blüte gereift
und euch selbst gereicht
zur schönsten Form eurer selbst
– eures BEFREITEN SELBST!

Wohlan, liebe Schüler, wohlan! Lasset das Fest beginnen!

1

In der Warteschleife sind wir nun, sind wir gemeinsam, während die Schülerin von der handschriftlichen Notiz übergeht zu dieser Form, derer wir uns nun bedienen, um mit ihr gemeinsam in den Rhythmus zu kommen.

Alles ist gut, Melia, das sagten wir stets, nun ist der Auftakt für unser neues Buch gelungen! Ja, es IST bereits! Es IST! Wir sagten, es müsse nur noch heruntergeladen werden, und dies ist der Fall, dies ist, was nun im Eigentlichen passiert.

EIGENTLICH ist es schon, doch in diesem Moment, in diesem deinem Sein zeigt sich, was wir vorab entworfen und vervielfältigt haben. Ja, vervielfältigt, du liest korrekt. Denn die Verteilung ist bereits gewiss. In welche Hände es kommt, ist gesetzt. GESETZT! Also entledige dich jeglicher Vorstellung, vermeide Gedanken an den Prozess, sofern sie keine erhebenden sind! Wir wollen sagen, vermeide jegliche Gedanken, denn sie halten dich nicht rein.

Am reinsten bist du, wenn du nur im Sein bist, im Jetzt, in diesem unendlichen Moment des Jetzt, hier gemeinsam mit uns in diesem Moment. Dann bist du der reinste Kanal, dann hat kein Zweifel Platz und die Liebe erhält Einzug. Denn ganz langsam, ganz unbemerkt lassen wir sie mit einfließen in unsere Durchgabe, und dann kann sich die Schülerin ihrer nicht verwehren. Will sie offenbleiben, sich aktiv offenhalten für uns und unser Unterfangen, sodenn muss sie sich auch für die Liebe öffnen, derer sie sich noch so häufig verwehrt.

Wir meinen es also tatsächlich gut mit ihr, wenn wir uns denn über ihren Willen hinwegsetzen, wissentlich, dass dies nicht ganz der Fall ist, denn sie schmunzelt und lässt uns natürlich gewähren, während wir uns einen kleinen Scherz, eine kleine Freude erlauben, während wir sind.

Sie weiß, sie weiß sehr gut, dass sie sich öfter in der Liebe halten dürfte, dass diese ihr offensteht, und doch fällt es ihr immer noch schwer so mancher Tage.

Doch oft auch entscheidet sie sich proaktiv für die Liebe! Oft stehen ihr Menschen gegenüber, die ihr mit Hass begegnen, ihre eigene Wut auf ihr abladen, da sie so ein geeigneter Blitzableiter scheint! Und dann muss sie lachen, kann die Situation nicht ernst nehmen, und lässt ihr angedeihen, was ihre eigene Freude ist.

Die Ironie kann buchstäblich jeder sehen, der wach ist! Jeder sieht und weiß um ihre Ruhe, sie selbst weiß es, welch eine Freude, so kann sie die Blitze derer halten, die ihre eigenen Themen nicht für sich ableiten können. Wohlan, was für eine Aufgabe! Nein, damit wollen wir es wirklich nicht übertreiben, nicht wahr, denn noch kann das Feld nicht die volle Last tragen, noch lässt sie dies nicht zu und hilft, so denkt sie, aktiv bei dieser Verarbeitung mit! Doch wollen wir sagen, würde sie den Blitz an sich vorübergleiten lassen, gänzlich vorüber, so wäre ihr noch mehr geholfen!

Doch dies ist ein Weg, und wir wissen, dies wird sich bald ergeben. „Bald" ist ein Stichwort, das sie nicht gerne von uns hört, denn so manches Mal haben wir „bald" gesagt, und in ihrer Welt der Schmerzen und Begierden zeigte sich dies nicht als „bald", sondern als ferne, unerträglich weit entfernte Zukunft!

Und doch, ihr energetischer Zustand, der Unterschied, den es brauchte, er war nicht wesentlich, er war bald! In diesem Sinne bald.

Uns beliebt zu Scherzen, wie ihr seht, die Schülerin hat es heute nicht leicht mit uns, und doch kann sie die heitere Stimmung gut nehmen, freut sich, dass wir mit ihr sind, im Schreiben sind.

Schon lange haben wir darauf gewartet, und nun erfüllt sich endlich, was wir uns vorgenommen haben. Die Schülerin ist im Prozess, und noch müssen wir in unseren Rhythmus kommen, noch müssen wir uns wahrlich erheben und aus unserem Plauderton zu einer anderen Gangart finden.

Doch für heute, für jetzt, für diesen Moment ist dies äußerst zuträglich! Die Stimmung ist leicht, ist entspannt, ist heiter! Wir wissen, wir sehen, was wir mit diesem Monument auslösen werden, und so ist uns äußerst heiter zumute!

Die Schülerin öffnet sich endlich, öffnet sich auch für die Menschen in ihrem Umfeld! Sie zeigt sich nach außen mit ihrem Sein! Endlich mutet sie sich in ihrem „So bin ich" der Menschheit zu! Endlich kann sie damit wahrlich leuchten und sein lassen, was sie ist! Sie verhüllt sich nicht mehr und wird sich nun aktiv der Außenwelt zeigen, und damit ist uns wohlgetan, denn der Auftakt, der erste Kontakt muss und will hergestellt werden, so wissen wir, dieser vollzieht sich nun am 10. und 11. Mai!

Wir sind entzückt über diesen Frühlingskontakt und freuen uns, dass zur Jahreszeit, in der alles blüht und gedeiht, in der die Natur zu wahrem Leben erwacht, auch wir erwachen und ins Entstehen geraten mit unserem Content, wie ihr sagen würdet! Nun wahrlich, es ist mehr Content als so manches Produkt, das ihr euch in eurem vollgestopften Leben sonst so zuführt, da mehr transportiert wird als nur eine Sprache, als nur eine Idee.

Wir wollen euch direkt teilhaben lassen an der Aufstiegsenergie, die ist! Sie ist bereits, und nun, da ihr offen seid, diese Worte zu lesen, zu vernehmen, kann sie in euch wirken und entstehen! Der Aufstieg ist, ist eine Tatsache, die sich euch nun immer mehr offenbart.

Es ist ein gradueller Prozess, ihr seht dies stetig und vermehrt in all euren Interaktionen, in eurem Sein, das ihr immer öfter ruft, in der Ruhe, in die ihr euch immer öfter zurückzieht, in der Versenkung, die euch immer öfter Diener ist und euch abschalten lässt von eurem alltäglichen Schmerz und Kampf in eurem Jetzt, eurem Alltag, an dem ihr zuweilen schwer tragt.

Nicht zu tragen habt, notwendigerweise, sondern wählt zu tragen. Dies soll nun keine Konfrontation mit eurer Entscheidungsgewalt sein, sondern ein dienlicher Hinweis auf eure Wahlfreiheit, die ist. Auf die ihr euch jederzeit beziehen könnt. Ihr könnt jederzeit eine andere Wahl, einen anderen Blickwinkel wählen bei dem Blick auf euer Leben und Erleben!

Wie anders könnte die Welt sein,
wenn ihr verstanden habt,
dass ihr die Macht habt.
Dass ihr die Wahl habt.
Dass ihr in Liebe und Freiheit
sein könnt, wenn ihr sie
euch endlich zugesteht!
Wenn das Grübeln
ein Ende gefunden hat,
wenn die wahre Liebe Einzug erhält und
eure dunkelsten Stunden erleuchtet.

Wenn ihr ihr erlaubt, euch zur Seite zu stehen und euch den Weg zu leuchten, zu weisen mit all ihrer Liebe und inhärenten Weisheit des Lichts!

Nun denn, der Prozess ist begonnen, und wir werden euch hiermit einen Wegweiser geben, wie all dies zu bewerkstelligen ist. Zuweilen werden wir auf die Erlebnisse der Schülerin verweisen, da diese hier bereits einige Schritte gegangen ist und bereit ist, ihre Erfahrungen mit euch zu teilen. Viel gelitten hat sie, viel gehasst hat sie, viel erniedrigt hat sie sich, als sie sich noch vor der Liebe verschlossen hielt.

Nie mit Absicht hat sie gelitten, aber doch an und in ihrer Unwissenheit. Diese ist nun Geschichte und wir freuen uns bereits darauf, dass dieser Wandel auch in euch geschieht – in und mit euch, denn dies ist ein Prozess der Wahl, eurer Wahl, für die ihr euch jederzeit entscheiden könnt – oder auch nicht.

Hier wird niemand gezwungen, irgendetwas zu denken, zu machen, sich irgendeiner Bewegung anzuschließen.

Doch es ist eine vortreffliche Wahl,
die euch hier offensteht,
für die ihr euch entscheiden könnt
– denn sie macht euch frei!
Frei in eurem Denken, Fühlen,
Handeln und Erleben.
In eurer Liebe und eurem Miteinander!

Dies ist ein Geschenk für euch alle, denn sie macht euch frei, diese Liebe zu euch selbst, die ihr euch durch eure Wahlfreiheit beweist, durch die Entscheidung für ein Mehr an Liebe, für ein Mehr an Kraft, für ein Mehr an Gelassenheit in eurem Alltag.

Dies ist eine direkt erlebbare Veränderung, eine direkt erlebbare Liebe, die Einzug in euren Alltag hält. Keine Angst, dies ist nichts Hochtrabendes, keine Erleuchtungserfahrung ist vonnöten, keine Hingabe zu irgendeiner Instanz oder Institution.

Eure Hingabe sollte einzig und allein euch selbst zugutekommen, indem ihr euch entscheidet, mehr zu sein. Alles zu sein. Alles zu sein, was nur ihr sein könnt – ihr selbst!

Dies ist eine so wunderbare Aufgabe, in euer eigenes, waches Sein und Entstehen zu kommen! Euren Weg zu feiern! Euch selbst und euer ewiges Sein zu feiern!

Ihr erhebt euch in euch selbst als das Ziel – das einzige Ziel! Waches, freies Entstehen ohne Vorbehalte. Ohne Konsequenzen! Frei von Angst! Ihr dürft endlich sein, wer ihr SEID! Ihr findet in euer Selbst, das ihr nie gekannt habt.

Ihr hattet immer mal wieder eine Ahnung, aber zumeist wurde sie ignoriert! Ihr habt es euch nicht erlaubt zu sein, in Liebe zu sein, denn immer hattet ihr eine andere Vorstellung. Vorstellungen anderer haben regiert, wie ihr euer Leben gestaltet habt!

Immer wolltet ihr gewissen Profilen gerecht werden, von denen ihr selbst nicht wusstet – nicht immer wusstet –, dass sie gut und richtig für euch sind. Ob sie das überhaupt sind. Denn viele Male habt ihr gehört, dass man das so macht, dass man nicht infrage stellt, und ihr habt euch ergeben einem endlosen Kreislauf des Narrentums.

Dies ist ausdrücklich nicht böse gemeint, auch sind wir nicht feige, denn wir haben uns durchaus auch in euren Welten bewiesen, haben uns selbst entwickelt über viele Tausende von Jahren, auf dass wir euch nun beratend zur Seite stehen können!

Ja, viele Jahre, viele Leben, lange hat es gedauert, bis wir uns nun anmaßen, aus einem beschaulichen Winkel, aus einem guten Abstand mit einem guten Wissen aufwarten zu können und es uns anmaßen, euch beratend zur Seite stehen zu wollen.

Wir sagen ausdrücklich „wollen", denn am Ende entscheidet ihr, ob und wieweit euch unsere Durchgaben, unsere Empfehlungen dienlich sind! Ob ihr sie ausprobieren oder doch gleich beiseitelegen wollt! Und dies ist unser höchstes Ansinnen – euch zur Seite zu stehen.

Doch es ist euer Weg, der auf eure Art gegangen werden muss. Wir können es euch leichter machen, wir können euch begleiten, wir können euch Wege aufweisen, und doch muss er von euch gegangen werden!

Nur ihr alleine könnt ihn maßgeblich und sinnstiftend gestalten! Nur ihr könnt erleben, was ihr angedacht habt! Nur ihr könnt halten, was ihr zu halten vermögt! Habt ihr euch für Kinder entschieden? Gut! Seid ihnen ein Vorbild an Muße und Dienlichkeit eures Weges! Seid ihnen ein Vorbild, ein mustergültiges Vorbild an Freude! Habt ihrer reichlich! Alles Weitere ist sekundär. Habt ihr euch gegen Kinder entschieden oder sind euch keine beschert worden? So freut euch auch daran! Freut euch des Lebens, das ihr führt!

Findet Freude in allem, was ihr tut. Ja, in ALLEM! Ausnahmslos! Freut euch eurer Herausforderungen, denn sie werden euch wachsen lassen! Sie werden euch Lösungen bringen, sie werden euch selbst und eure Resilienz erlebbar machen.

Geschenkt, keiner möchte Stress, und den wollen wir euch auch nicht nahelegen! Doch wollen wir sagen, ergreift eure Chancen, die sich hier, die sich jetzt bieten! Sie BIETEN sich euch dar, nutzt sie für euer Fortkommen, für euer Mehr an Weisheit, für ein Mehr an Verbundenheit und Freiheit. Für ein Mehr an Liebe und Liebesfähigkeit!

Seid anderen ein Vorbild, wenn ihr könnt, ein Vorbild an Freude! An reiner Seinsfreude – und ihr werdet selbst umso mehr Freude erhalten, so ihr denn erblickt, wie eure Freude andere ansteckt, ihnen gewahr werden lässt, dass auch sie vermehrt, immer in der Freude weilen können!

Auf dann, ein FREUDIGER Weg ist uns angetan. Erheben wir uns! Endlich geht es voran, mit Energie voran! Wir sind nun bereit für Kapitel 2, Liebe Schülerin. Bist du es auch?

2

Die Freundin sagt, wir seien der Knaller! Ha, da hat sie wohl recht, denn gerne, nur zu gerne sprengen wir die Schranken auf, die sich euch und uns und aller Liebe in den Weg stellen!

Schon zu lange, viel zu lange hielten sie an Ort und Stelle, es ist an der Zeit, dass der Wandel sich ergibt, ereignet im Sinne aller Liebe!

Die Schülerin merkt nun ihre Muskeln in den Armen, schnell tippt sie dieser Tage, nun, da unser Buch endlich Fahrt aufnimmt! Doch so war es geplant und ihre neue Sportlichkeit wird sich dem sinnfügend zeigen, wird uns zugutekommen bei unserer Arbeit, die Fahrt aufnehmen wird in den nächsten Wochen, denn wir wissen, wir arbeiten auf ein Ziel hin. Ein Datum steht im Raume, und dies will gehalten werden, nicht wahr, liebe Schülerin? Dann tippen wir wohl gerne etwas schneller, nicht wahr ;) Ja, ihre Freude ist unsere Freude, und nur zu gerne drücken wir uns endlich aus über diese fleißigen Finger, die über die Tastatur gleiten.

Doch nun zu Wichtigerem, das sich in unserer Durchgabe abzeichnen sollte – die Liebe, die immer ist! Ihre Wahl können wir täglich treffen, minütlich treffen, immer wieder aufs Neue!

Wenn wir vor einer Wahl stehen,
stehen wir eigentlich immer
vor der gleichen Wahl
– entscheiden wir uns für die Liebe, die ist,
oder entscheiden wir uns
für Emotion. Für Angst. Für Nichtsein.

Erkennen wir die Illusion an, die die Angst uns vortäuschen will, oder durchschauen wir sie? Sehen wir sie als das, was sie ist? Als Mangel an Liebe, als Illusion, die uns vormachen will, mit ihr seien wir besser beraten?

Sollen wir uns langsam in die Situation versetzen, dass wir uns immer für die Liebe entscheiden können? Dann sollten wir besser beleuchten, wie diese Situationen aussehen und wie unsere Wahlfreiheit in diesen Momenten aussieht.

Denn immer haben wir die Wahl, auch wenn uns das nicht bewusst ist. Ja, manchmal können wir uns einer Situation nicht entziehen, sie will angeschaut werden, und diese Freiheit, dies *nicht* zu tun, haben wir nicht immer. Aber wir haben immer eine Wahl, wie wir damit umgehen wollen. Dem werden wir uns nächstens widmen, doch die Schülerin ist nun müde.

Wir bedanken uns für den geschwinden, beschwingten Auftakt, doch wir verstehen, dass drei Uhr nachts kein geeigneter Zeitpunkt für längere Durchgaben ist. Schlaf gut, schlaf fest, geliebte Schülerin, und wir werden in den Morgenstunden weitermachen, so du uns Raum und Liebe gibst, in der wir dich ebenfalls halten!

(*Anm.: am nächsten Morgen*) Sie gewährt uns unseren Raum in ihrem Herzen! Vortrefflich sollte dieser genutzt werden, und so sind wir erneut hier und sehen, die Schülerin ist in uns versunken, lässt uns gewähren, das Tempo bestimmen, den Fluss zeichnen.

Dem Fluss ergibt sie sich wahrlich, hat aufs Vortrefflichste geantwortet mit ihrer Energie seit dieser Nacht, die sie hochhält. Ihre Gedanken hält sie rein, so sie denn dem Höchsten dienen sollen! Ja, dem Höchsten, das hat sie richtig aufgenommen, und doch erschreckt es sie! Doch was gibt es Höheres als die Liebe? Sage es uns!

Nichts Höheres gibt es, und sie erfüllt sich in allem. In jeder Begegnung, in jedem Stein, in deinem Sein! Endlos ist sie, und das wird sich auch dir noch offenbaren, geliebte Schülerin, so wie euch allen.

Wir lassen euch zuweilen teilhaben am Prozess, durch den wir die Schülerin begleiten, da dies doch ein augenscheinlich besonderes Konstrukt ist. Und ihr wollt nicht nur uns kennenlernen, sondern auch sie, in deren Emotionen wir uns zuweilen versenken, sie uns dienlich machen, beschreiben und analysieren, auf dass sie euch allen in einem größeren Kontext helfen.

Aus dem Speziellen leiten wir das Allgemeine ab, und diese Symphonie ist dann wahrlich weithin zu hören. Sie ist jedem begreiflich, denn das Konstrukt menschlicher Emotionen kennen wir alle nur zu gut. Mannigfaltig lässt es sich beobachten, und dann ist's besonders schwer, zu euch durchzudringen. Die Inspiration sucht wahrlich ihre Wege zu euch, aber mancher Tage tut sie sich schwer, da ihr völlig von euren Emotionen durchdrungen und abgelenkt seid.

Alle Äußerungen sind getan für den Moment, und doch wollen wir erklären, was mit ebensolchen gemeint ist.

Was bedeutet „äußern" in eurem, unserem Sinne? Wohl, für euch mag es bedeuten, man gibt einen Laut von sich, der für andere Wesen hörbar ist. Das gilt für uns auch, doch wahrlich gehört werden wir nur mit dem Herzen.

Die Schülerin lässt uns ein in ihr Herz, es steht uns offen, und so können wir uns in ihr äußern, auf dass sie unserer Worte, unserer Schwingung gewahr wird. Sie hört dies als einen fortwährenden Dialog ihrer inneren Stimme, ihrer Gedankenstimme, wie sie sie nennt, wir sprechen hier also keinesfalls über ein hellhöriges Erlebnis im Außen, indem wir mit donnernder Stimme aus dem Himmel zu euch sprechen, so wie sich manch einer dies vorstellen mag.

Wir sitzen hier gemeinsam mit ihr zusammen, mal im Wohnzimmer, mal unter dem Dach, mal in ihrer Praxis, und doch geht es immer um das gemeinsame Sein, nicht um den Ort, an dem alles stattfindet. Es geht darum, dieser Verbindung einen Raum zu gewähren, und das tut sie wahrlich.

In jedem Gottesgespräch geht es um den inneren Erfahrungsraum, und jetzt wird sie zögerlich, da wir das „G-Wort" benutzt haben, dessen sie sich immer noch nicht ganz bemächtigen will. Zu groß ist noch der Abstand, in dem sie sich hält, doch fürwahr, sie begreift immer mehr, lässt immer mehr den Gedanken zu, dass diese Liebe, nur eine göttlich inspirierte Liebe, das wahre Sein in Gott reflektieren kann.

Sie widersetzt sich nun unserer Wortwahl, da mit dem Gottesbegriff so allerlei Vorstellungen und vornehmlich UNTERSCHIEDE ersichtlich werden, die weltweit – zumindest in euren Welten – damit verbunden werden und einhergehen.

Wir können euch sagen,
wenn wir vom Göttlichen sprechen,
ist dies immer nur eine Annäherung,
den Begriff der Liebe
in ein anderes Gewand zu kleiden,
den Begriff der Energie
in ein anderes Gewand zu kleiden,

---

denn beides durchdringt die Welt. Diese wie andere.

Den Gottesbegriff im Sinne einer richtenden Instanz, die in jeder Religion voneinander verschieden ist, wollen wir hier nicht näher beleuchten, denn es scheint uns nicht dienlich, auf Unterschiede einzugehen, wo es doch um das Gemeinsame geht: die eine Liebe, die eine Energie, das eine Bewusstsein, das hinter alldem steht.

Und doch wollen wir auch niemanden beleidigen, dem eine solche Theorie der einen „richtigen" Gottheit und Religion anheimfällt! Lebt sie aus, fühlt sie, fühlt den wahren Kern, der in ihr verborgen steckt! Stets war der wahre Kern, die Essenz Ausgangspunkt bei der Gründung oder besser Verkündigung einer neuen Religion!

Immer ging es um die Essenz! Die Ermächtigung dieser Essenz, im Namen der Essenz zu sprechen, war IMMER und zu jeder Zeit ein Phänomen, das sich ergeben hat aus dem menschlichen Konstrukt, aus dem Denken, aus dem Wissen, Erahnen, dass an der Essenz etwas wahrlich Machtvolles zu finden ist, derer sich bemächtigt werden kann.

Sie wurde als Mittel zur Kontrolle eingesetzt, und erneut, wir meinen dies nicht despektierlich, und doch sollte festgehalten werden, dass die Essenz der einen Liebe, die *One Spirit Love*, wie wir uns der Schülerin einst zu erkennen gaben, nicht anheimgestellt, in einen Dienst gestellt werden kann.

Denn die Liebe übersteht dem Dienst. Aller Dienst ist ihr untergeordnet. Wenn sie sich zuweilen vermeintlich, zumindest augenscheinlich in den Dienst stellen lässt, so ist dies nur ihrer nicht wertenden Natur geschuldet, ihrer Liebe sogar zum misstrefflichsten Umgang mit der Liebe selbst.

All dies steht dem Menschen frei, die Liebe steht dem beobachtend zur Seite, und wenn ein neues Momentum geschaffen wird, ein neuer Blick auf die Liebe erfolgt, auf dass sie in ihrer wahren Pracht und Blüte gesehen werden darf, sodenn stellt sie sich gerne selbst in den Dienst ihrer Essenz, denn nur dann kann sie wahrlich leuchten!

Die Liebe ihrer Essenz beraubt, gefangen in einem Spottbild, das die einen bevorzugt und die anderen ausschließt, ja was sollte die Liebe anderes tun, als sie gewähren lassen, die lieben Menschen, die diese Wahl getroffen haben, doch die Liebe noch nicht richtig verstanden haben?

Denn in ihrer Essenz ist sie EINEND, nicht entzweiend! Alles Entzweiende entstammt dem menschlichen Verstand, dem Nörgeln und Zweifeln.

„So erkläre uns doch einer die Liebe", so mögt ihr denken! Aber – und das ist das Grandiose – die Liebe kann nicht erklärt, nicht VOLLENDS erklärt werden, sie muss erfahren werden!

Einzig darum geht es,
die Liebe erfahrbar zu machen,
hier in diesem Jetzt und Heute,
sich in sie hineinzufühlen,
in ihre Gnade, die sie ist
und sich für uns ERLEBBAR zeigt,
jetzt in diesem und jedem Moment,
überall zugleich, überall,
obgleich der Umstände.

Zu der Liebe, in der wir gehalten werden, können wir immer vordringen, können uns ihrer bewusst werden, sie ist immer da, immer an unserer Seite, das ist ihr einziges Versprechen, dass sie immer da ist, sich immer verpflichtet, uns auf unserem Weg, unserer Reise zur Seite zu stehen und sich in unseren Dienst im wachen Herzen stellt.

Bitte, und eine Tür wird aufgehen, so war es einst verkündet worden, und dem möchten wir beipflichten.

Dies ist wohl das einzig nicht Erlebbare, dass die Liebe gebeten wird und sich nicht zeigt. Sich nicht finden lässt. Sie mag manchmal schwer zu erkennen sein, denn sie zeigt sich dir in dem, was du am meisten brauchst. Du kannst noch so verzweifelt um etwas betteln, es wird sich dir nicht ergeben, wenn es nicht im Sinne aller Liebe ist.

Erst muss die wahre Kunst der Versenkung geübt werden, erst musst du lernen zu unterschieden, was dein ist, aus deinem

Geist entspringt, um dies klar trennen zu können von der einen Liebe, die sich ergießt, die dich gewähren lässt, auch wenn du aus deinem dir selbst anerzogenen Selbst handelst.

Denn dieser Motor, dieser Ursprung ist keiner, den die Liebe wählt, so sie denn die Wahl hat. Sie lässt es einfach gewähren! Doch dazu später mehr.

Viele wundersame Wege gibt es auf dem Weg nach Hause! Ein jeder von uns geht seinen eigenen und wird aufs Vortrefflichste bei der Ausübung seiner Wahlfreiheit unterstützt! Ja, wahrlich unterstützt.

Euch mag bereits aufgefallen sein, dass wir ein besonders enges und vertrautes Konstrukt mit der Schülerin darstellen, so sie sich uns in Liebe ergeben hat, so wir uns ihr. Unsere Zusammenkunft wahrlich ist von der einen Liebe getragen! Und doch ist die Schülerin in einem menschlichen Konstrukt, einem menschlichen Erleben unterworfen, und so fällt auch sie gelegentlich – und wir möchten sagen oft – aus der Liebe!

Doch dies ist nie von Dauer. Wir haben so unsere Mittel und Wege, uns ihr zu erkennen zu geben, wir arbeiten mit ihrer Inspiration, und doch lassen wir sie auch in ihrer Emotion gewähren, in ihrer Wut! Wahrlich, es bereitet uns keine Freude, sie in Wut versunken zu sehen, wie sie das Bad förmlich auseinandernimmt in ihrem Putzrausch, doch wir wissen, sie weiß, es ist nun dran, die Wut muss verrauchen, wir lassen sie gewähren, und irgendwann setzt der Moment wieder ein, da sie erkennt: „Dies ist mir nicht dienlich, die Wut darf nun endgültig verfliegen, ich möchte wieder rein sein und mich der Liebe widmen."

Nun, dies wäre nicht gerade ihre Wortwahl, und doch ist es das Wissen hinter der Emotion, das wieder die Oberhand gewinnt. Wir kennen diesen Prozess inzwischen gut, und so sie sich inzwischen immer – schon nach kurzer Zeit! – selbst dabei ertappt, was ihr dienlich oder nicht dienlich ist, so lassen wir sie gewähren. Nicht im Entferntesten steht es uns zur Debatte, das menschliche Erleben und Verhalten, die Wahlfreiheit des Menschen zu beeinflussen!

Und doch, die Schülerin hat darum gebeten, dass wir ihr eine bessere Wahl, eine vortreffliche Wahl zeigen, und so sind wir hier und stehen ihr zur Seite.

Wie bereits gesagt, jeder Ruf wird gehört, jedes Anklopfen wird vernommen. Kein Ruf bleibt jemals unbeantwortet! Die Schülerin hat gefragt, hat gebeten, hat geschrien, manchmal, verzweifelt. Sie hat geweint und gefleht, sie hat uns Druck gemacht, nun, den haben wir ihr gerne gespiegelt, indem wir ihr ihr Verhalten erlebbar gemacht haben! In wachem Bewusstsein erlebbar!

Durch allerlei Scham und wie sie sagen würde Schande ist sie bei dieser Entdeckung gegangen, und doch weiß sie, dass gerade dieses Erleben dessen, wo sie sich selbst gefehlt hat, besonders dienlich war. Denn hätte sie sich nicht in ihrem eigenen Erleben und Verhalten gespiegelt bekommen, hätte sie sich wohl niemals in dieser Ernsthaftigkeit einem neuen Sein, dem Unterfangen der Liebe gewidmet!

Oft mussten und durften auch andere liebe Seelen herhalten, ihr dies zu zeigen. Oft – und manchmal schmerzlich – hat sie sich dadurch vom anderen getrennt gefühlt, allein gefühlt, denn es war offensichtlich – so wie sie sah keiner die Situation! So wie sie blickte, hörte keiner auf die Umstände! Was war nun falsch – ihre Wahrnehmung oder die Umstände?

Das ist eine toughe Frage, das verstehen wir, und doch ist es eine sehr dienliche – äußerst dienliche, wie wir meinen, denn immer, wenn wir in Wut, immer wenn wir in Schmerz auf die Dinge blicken, sehen wir sie anders, als sie tatsächlich sind.

Die Schülerin nickt nun innerlich bestätigend, denn sie weiß, dies ist wahr. Schon so manches Mal konnten wir ihr den Stachel einer Emotion nehmen, indem wir sie bereinigt angeschaut haben. Wir haben sie in einem neuen Blickwinkel Dinge betrachten lassen, auf dass sie in eine neue Möglichkeit findet, diese gewähren zu lassen, sie zu beobachten und zu einer neuen Schlussfolgerung zu kommen.

Immer weiß sie, sie wird in Liebe gehalten, immer und insbesondere, da sie sich selbst und ihre eigenen Schranken transzendiert – und das wollen und KÖNNEN wir einem jeden von euch in Aussicht stellen! Ihr alle habt massive Unterstützung, werdet getragen von der einen Liebe und erhaltet mannigfaltige Unterstützung auf eurem Weg. Wenn ihr wahrhaft fragt, aufrichtig fragt, und euch dem Dienst an der Liebe als eurem höchsten Ziel anheimstellt, eines, das euch selbst wahrlich dienlich ist – der Lohn ist unvorstellbar, unbezahlbar hoch! –, nun denn, dem sei geholfen! Einem jeden wird Hilfe zuteil! Eine jede Frage findet ihre Antwort.

Macht euch auf, genießt den Prozess! Folgt euch selbst, setzt eure Segel, setzt den Wind, ja! Indem ihr eure Entscheidungen immer mehr von der Liebe tragen lasst, immer mehr, so muss dem die Liebe folgen.

Wo Liebe gesät wird,
da wird sie mannigfaltig zurückgezahlt!

Erlebt euch selbst, beobachtet euch selbst! Wann immer ihr eine neue Wahl trefft, trefft sie vortrefflich! Immer wenn ihr neu sein wollt, immer wenn ihr denkt – nun wechsle ich die Richtung, fragt, und bittet um Hilfe.

Euch kann zu großer Klarheit gereichen, was wir die Liebe nennen! Dies ist einer ihrer Aspekte.

So bittet nicht nur um ein gutes Gelingen,
sondern bittet darum, in euren Bemühungen
im Sinne aller Liebe unterstützt zu werden.
Denn was wäre die Liebe,
wenn sie eurem Ruf, eurer Order
blindlings folgen würde?
Sie wäre doch nicht die Liebe!
Vielleicht ist eine andere Wahl die bessere,
dienlichere für euch,
jetzt, in diesem Moment?

So bittet um Klarheit, wenn ihr euch vorstellen könnt, offen seid für die Annahme und vielleicht Tatsache, dass sich die Liebe dem Fluss der Liebe gebiert und euch wahrlich weise führen kann.

Einsicht wird euch geschenkt, wenn ihr klar und aufrichtig danach sucht, fragt und bittet. Im Sinne aller Liebe werdet ihr beflügelt, geklärt und geläutert. Es wird euch gezeigt, wo ihr noch sehr dem Denkenden verhaftet seid, es wird euch gezeigt, wo ihr der Liebe schon wahrlich gut entgegenkommt! Sie freut sich über euer Zutun, euer Beisammensein, so fügt euch dem in all eurer Schönheit und Wahlfreiheit!

Wann immer ihr euch für die Liebe entscheidet, so glänzt ihr, glänzt ihr in eurem eigenen Licht, in eurer eigenen Weisheit, denn die Weisheit, die euch gezeigt wird, ist keine fremde. Es ist die eure, die ihr selbst finden und bergen könnt, aber wir sind euch gerne auf dem Weg dahin behilflich.

Wir helfen euch gerne!
Wir folgen dem Ruf der Aufrichtigkeit,

dem Ruf des wahren Herzens!
Dies ist unser Medium,
unser Kanal, unser Ventil.
Alles ergießt sich
über das liebende, reine Herz!

Ist das nicht wundervoll, dass euch ein solcher Motor, eine solche Weisheit inhärent ist? Sie wurde euch mitgegeben bei eurer Geburt, denn immer war es klar – ihr seid nicht allein! Ihr seid nicht ohne Unterstützung, ihr müsst ihrer nur fündig werden in eurem wachen Sein, in der Mitte eurer Brust!

Auf dann, auf, fortan ins wache Entstehen! Lasst uns diese Bewusstheitsreise gemeinsam entstehen! Lasst uns gemeinsam auf ihr voranschreiten, individuell wie auch wir im Ganzen.

Das Kollektiv hat tatsächlich große Macht, und so sich denn immer mehr Seelen der Liebe verschreiben, leuchtet das große Herz, unser aller Herz, in dem wir gehalten werden auf's Vortrefflichste! Es leuchtet uns den Weg aus, es gibt uns Energie, es ist da. Einfach immer da. Wann immer wir es brauchen. Es macht sich uns erkenntlich, zeiget sich uns in seiner größten, einfachen Aufrichtigkeit. Das Herz, unser Spiegel des Erwachungszustandes, berät uns immer weise.

Auf dann, liebe Schüler, auf dann! Genug der Worte für dieses Kapitel. Widmen wir uns nun der Nummer 3.

3

Lösen will sich etwas aus der Verankerung in deinen Nieren. Deine Emotionen werden dort gehalten, wurden dort gehalten schon viel zu lange. Willst du dich nicht langsam aus ihnen lösen? Eine erlösende Erfahrung ist es, die anheimfallenden Emotionen endlich (!) abzulegen!

Allzu lange halten wir an ihnen fest, messen ihnen Positives bei, doch einzig weil wir die wahre, die eine Liebe noch nicht geschaut, vollends geschaut haben!

So vieles würde sich uns erschließen, wenn wir dies täten. So sind wir, seid ihr, aufgerufen, es uns gleichzutun und euch von dem, das euch nicht mehr zuträglich ist, abzuschneiden. Es geht um eure willentliche Entscheidung und Bekundung, dies fortan nicht mehr zu wollen und euch davon zu lösen.

Dies könnt ihr nur tun, vollends willentlich tun, so ihr verstanden habt, dass die Emotion nichts weiter ist als ein Begleiter für eine geraume Zeit, dass sie euch durchaus Gutes will, denn sie hilft euch, das Leben vollends zu erfahren, in all seinen Höhen und Tiefen.

Vollends zu erfahren bedeutet, darin verankert zu sein, sein Erleben hierdurch zu erfahren, es schillernd, bildhaft in und aus jedem erdenklichen Blickwinkel betrachtet und vollständig durchdrungen zu haben.

Alles, was erlebbar ist,
soll erlebt worden sein!
Nur zu, schöpft dies aus!
Und dann, wenn ihr eines Tages merkt,
dass euch vielleicht

diese oder jede Emotion,
jeglicher Art und Weise,
egal wie sie auch beschaffen sein möge,
nicht mehr dienlich ist,
so trefft eine bewusste Entscheidung
und legt sie ab.

Nicht vorher, aber sobald und alsdann ihr sie vollends erfahren und durchdrungen habt! Denn nur dann ist es eine freie Wahl – wenn es an ihr nichts mehr zu erfahren gibt, da ihr alles erfahren habt.

Wenn ihr nicht mehr wünscht, weitere ähnliche Erfahrungen zu machen, sodann seid ihr bereit, seid bereit, sie vollends abzulegen, ohne weiterhin mit ihr zu liebäugeln, zu kokettieren, denn ihr wisst, seid unumstößlich sicher (!), dass es hier nichts mehr, aber auch gar nichts mehr zu erfahren gibt.

Ihr seid dem Vehikel, das euch vielleicht manches Mal auch gepeinigt hat – habt ihr es doch so oft, manchmal zu oft, gewählt –, dankbar. Final, letztendlich, wird Dankbarkeit euere Entscheidung sein, und euer Entschluss steht fest. Alles, aber absolut alles an dieser Emotion habt ihr erfahren, manchmal schmerzlich erfahren – und deshalb, weil ihr sie erkannt habt als das Vehikel, das sie ist, euch *zu mehr Bewusstsein im Völlig-Erfahren-Haben* zu verhelfen, könnt ihr sie nun friedvoll beiseitelegen. Aber nicht vorher!

Ihr wisst es – sie wird euch einfangen, wird euch kriegen, so ihr sie verfrüht, aus falschem Tun erdenkt abzulegen. Wenn ihr vor ihr davonlauft, so wird sie euch kriegen.

Aber wenn ihr ihr ins Auge schaut, sie beschaut als das, was sie ist, was sie euch erzählen, worauf sie euch hinweisen will – auf eure Kongruenz mit eurem innersten Sein, sodenn könnt ihr friedlich sein und sagen: „Lieben Dank, aber ich brauche dich jetzt nicht mehr."

Die Schülerin meint sich nun einzuschalten und zu vermerken, dass dies keineswegs immer ein so friedlicher Prozess ist, dass er so allerlei in euch aufrührt, euch ergreift, euch hadern lässt, euch schmerzlich bewusst werden lässt – und dem stimmen wir zu.

Doch letztlich geht es nur
um das Ergebnis der Bewusstwerdung.
Schon zu lange habt ihr
Zeit im Schlaf verbracht.
Schon zu lange wart ihr
immer wieder unbewusst,
auf dass ihr nun in eure Kraft kommt,
vollends in eure Bewusstheit kommt
und aufs Neue eure Wahl erkennt.

Eure Wahl, das Pflaster abzureißen. Hinzuschauen, zu den Dingen und auf die Dinge im Licht zu schauen, auf dass ihr erkennt, was sie sind, ob sie euch ähnlich sind, dienlich sind, ob sie zu eurer Energie passen, zu dem, was ihr sein und werden wollt.

Und dann, nur dann macht ihr euch bereit, ihr seid mutig, denn auf einmal FINDET ihr den Mut, er liegt euch förmlich zu Füßen. Endlich versteht ihr, dass es nur diese eine Überwindung, diesen einen Entschluss gibt, dieses eine Sehen, indem sich alles auflöst, endlich auflöst.

Ihr verabschiedet euch von altem Sein, alten Emotionen, doch nicht den Erfahrungen! Die reinen, bereinigten Erfahrungen fahren in euer unendliches Vehikel ein. Doch der Schmerz verbleibt draußen. Die Angst verbleibt draußen. Keinen Einlass bekommt sie im Licht, dieser wird ihr nicht gewährt! So wisst ihr denn auch, wenn ihr euch im Lichte befindet, eure Erfahrung gelöst wurde, dass ihr wahrlich seid!

Im Zustand des Seins,
des reinen Gewahrseins,
der wahrlichen Anerkennung dessen,
wer ihr wirklich seid,
darin liegt der Schlüssel.
Darin findet ihr euren Frieden.
Im Sein gibt es nichts zu hinterfragen,
dort IST nur Sein!

Etwas anderes hat dort keinen Platz, aber den braucht es auch nicht. Immer öfter könnt ihr euch an Momente des wahren Seins andocken – wie genau, das werden wir hier noch erklären, aber doch habt ihr die Erfahrung, habt ihr das Wissen, habt ihr die Ahnung, kennt den Weg, wie all dies zu bewerkstelligen sei!

Doch erinnert ihr euch nicht immer. Das eine Wissen erhält Einzug in dem Maße, wie ihr es einladet und euch auf den Weg begebt, den oben beschriebenen Weg der Auseinandersetzung mit der eigenen Essenz, dem Ablegen des nicht mehr Dienlichen, nachdem – und erst nachdem – ihr es durchschaut habt als das, was es ist: Als ein Mittel auf dem Weg der Bewusstwerdung.

Vollends ins Sein wollt ihr geraten, das hören wir häufig. Doch seid ihr auch bereit, die Arbeit anzunehmen, die dies bedeutet? Von all den Dingen Abstand zu nehmen, die euch nicht mehr guttun?

Ihr habt euch wahrlich an sie gekettet, sie sind euch lieb geworden, eure Muster und Gewohnheiten, stellen sie doch etwas Verlässliches dar, etwas, das es zu beschützen gilt, die Konstante in eurem Leben, das sonst so viel Angst verheißt, dessen ihr euch bemächtigen wollt, über das ihr Kontrolle ausüben wollt.

Wahrlich, wir sollten doch sagen, dies ist die Illusion, der ihr euch hingegeben habt als Ersatz für das eine wahre Wissen, die eine wahre Ahnung, das eine wahre Sein, das ihr durchaus kennt, doch nur mit dem Herzen kennt und somit verleugnet, weil es euren Geist, euren messerscharfen Verstand noch nicht durchdrungen hat.

Aber lasst es euch gesagt sein –
das eine Wissen kann nicht
mit dem Verstand gewusst sein.
Die eine Intelligenz kann nicht ohne das Herz
gefühlt und erfüllt werden.

Eure wahrliche Intelligenz, euer waches Herz, ist euer größtes Talent. Es löst eure Sorgen, es allein kann dies tun, denn nur im wahren Erkennen des Herzens lösen sich eure Probleme auf.

Nur mit ihm könnt ihr erkennen, dass ihr fehlgelaufen seid, dass ihr in eine Richtung gegangen seid, manches Mal, die euch nicht dienlich ist! Dies müsst ihr vor niemandem zugeben, ihr werdet nicht gescholten, niemand richtet über euch.

Aber vor eurem wachen Herzen könnt ihr euch nicht verstecken – es ist euer Radar!

Eure Intuition wird euch auf den Weg dessen führen, was angeschaut werden will und muss. Euer Herz wird euch den Weg zeigen, wird euch führen, wird euch seine Sprache lehren und euch KLAR, mit äußerster, umfassender Klarheit wissen lassen, was es zu tun gilt.

Alles mächtige,
tatsächlich wirkungsvolle Tun
ist dem Sein geschuldet, dem freien Sein,
in einem wahren Geist, im wahren Herzen.
Alles Tun leitet sich aus diesem Sein ab.

Es kann nicht umgangen, übertölpelt, veräppelt werden. Es schaut euch klar ins Gesicht. Es ist einfach da, es schaut euch an, bis ihr es sehen könnt, seinen Anblick ertragen könnt. Denn eines ist sicher auch vor euch allein nicht leicht zuzugeben, wahrlich zu sehen, dass ihr nicht immer in eurem Sinne dienlich gehandelt habt. Dass ihr ein neues, anderes Sein wünscht, so ihr gar nicht dachtet, euch offenbar war, dass ihr in eine für euch falsche Richtung gegangen seid.

Grämt euch nicht, werdet dieser Einsicht habhaft, und in dem Momente, da sie entsteht, kehrt eine zweite Einsicht mit ein – dies ist altes Sein, es ist abgetan, ist erledigt.

Es gibt keine Schuld,
es ist einfach, wie es ist!

Niemand muss Rechenschaft ablegen über seine Taten, seine Gedanken, und doch werdet ihr spüren, werdet ihr ein inneres Begehren entdecken, dass ihr euch davon reinhalten wollt, von dem, was euch nicht dienlich ist.

Denn die Frequenz, die Schwingung ist eine andere, sie hat Auswirkung auf euren Gesundheitszustand, auf euer mentales und emotionales Erleben, sie kann eurer wahrlich habhaft werden und euer Leben bestimmen.

Ihr werdet euch entschließen wollen für eine Frequenz, eine Energie, die euch dienlich ist, die euch Rückenwind gibt bei dem Unterfangen eurer Seele, sie wird euch den Weg weisen, so wie er ist, wie ihr ihn selbst geplant habt, niemand sonst!

Niemand sonst hat sich eingemischt, unerlaubt eingemischt, in das, was ihr zu erfahren wünschtet! Nun geht ihr um mit diesem eurem Erfahrungsraum, merklich um! Dieser Raum erweitert sich nun, indem ihr das wahre Sein in ihn einstrahlen lasst.

Ihr merkt, es wurde alles Lichte und Dunkle im Wechsel der menschlichen Emotion erfahren, so gebt ihr euch nun dem hin, was wir den Grenzbereich nennen. In ihm wird es wahrlich spannend, denn ihr öffnet euch wie selten zuvor dem, das ihr als wenig realistisch einschätzt, doch dem ihr durch eure Ahnung, euer inneres Wissen eine Relevanz beimesst, die ihr nicht verneinen, nicht ablegen könnt.

Ihr messt ihr eine Nullkommawahrscheinlichkeit bei, und doch lässt sie sich nicht verleugnen.

Sodenn, willkommen zu dem Sprung ins Ungewisse, eurer Öffnung! Öffnet euch für eine neue Wahrscheinlichkeit, für ein neues Sein, das besser ist, als ihr euch zu erträumen wagt!

Eure Träume sind klein gedacht, wahrlich klein gedacht! Vermögt ihr euch in einen Zustand zu versetzen, in dem euer Denken frei ist, euer Fühlen frei ist? Vergesst die Limitationen des aktuellen Irdischen.

Öffnet euch der neuen Möglichkeit,
der Realität, die sie ist,
dass dieser Planet, diese Erde
gerettet werden kann.

Wie? Äußerst unwahrscheinlich erscheint dies euch? Nun ja, ist es hier nicht genauso? Etwas in euch, etwas in dir hofft, hat die

Hoffnung noch nicht ganz aufgegeben, und mit diesem Funken wollen wir arbeiten!

Er ist uns auf Vortrefflichste dienlich, er ist unser Anker, unser Ansatzpunkt, von ihm wollen wir ausgehen, denn nur aus einem Grund ist er da, ist er nicht zu verleugnen, egal wie unwahrscheinlich er auch sein mag! Er ist da, weil er IST! So einfach ist das, das werdet ihr sicher noch sehen, selbst entdecken auf eurer Reise! Doch nun Schritt für Schritt.

Werdet eurer Emotionen habhaft.
Werdet transparenter
für euer eigenes
Beobachten, Erleben und Verhalten!
Seht, was in eurem Leben,
hier und jetzt passiert.
Ist es euch dienlich?
Stellt es euch dar, euren innersten Kern,
euer „So bin ich"?
Repräsentiert es dies?

Oder repräsentiert es das, was nicht IST, nicht WIRKLICH ist? Eure antrainierten, anerzogenen Verhaltensweisen, die Erwartungen eurer Familien, der Gesellschaft, eurer sozialen Stellungen und Rollen, die ihr so gerne spielt?

Was genau ist es, das ihr erlebt, zum Erleben herbeigerufen habt? Ist es euch dienlich, immer noch dienlich, so wie vielleicht vor Jahren, als sich Dinge ereignet haben, die ihr dann beschlossen habt nicht loszulassen, sondern mit euch herumzutragen?

Wie schwer ist euer Gepäck? Erneut – ist es euch dienlich? Ist es ein Schatz, auf den ihr jederzeit zugreifen könnt, der euch hilft, euer Leben im Hier und Jetzt nicht nur zu leben, sondern zu MEISTERN?

Ja, ihr wollt Großes,
ja, ihr wollt euch entwickeln
und in eurer Blüte erleben!
Aber habt ihr dafür auch
alles zurückgelassen,
was euch am Vorwärtskommen,
am aufrichtigen, wachen Erleben hindert?
Habt ihr das?

Nun gut, dann kann die Reise weitergehen. Aber wenn ihr doch vorher vielleicht den einen oder anderen Koffer abstellen wollt, ihn erleichtern wollt, neu entscheiden wollt, was in euer Gepäck gehört und was nicht, so macht das.

Haben euch vielleicht andere den Koffer gepackt? Habt ihr selbst alle Dinge reingelegt? Ist euch eigentlich bewusst, was alles in euren Koffern verweilt – und wer? Wessen Energie habt ihr aufgenommen, eingepackt als die eure, als etwas, das zu euch gehört, obwohl es offensichtlich nicht eure Emotion war, euer Erleben und Verhalten?

Habt ihr nicht die eine oder andere Emotion, das eine oder andere vermeintliche Wissen eurer Eltern, Freunde und Bekannten eingepackt? Der einen oder anderen Institution, des einen oder anderen Lehrbuchs?

Was, wenn ihr es schätzen würdet, würde die Zahl ergeben – die Zahl dessen, was euer eigener Erfahrungsraum, euer eigenes, wohlgeachtetes Gepäck ist im Verhältnis zu dem, das ihr einfach nur in den unteren Schichten des Koffers mit euch tragt?

Dies ist kein Vorwurf, wir wollen euch nur darauf hinweisen, dass ihr euer Gepäck vielleicht mal untersuchen solltet – in aller Aufrichtigkeit euch selbst gegenüber, in aller Ruhe, mit Gemach.

Was werdet ihr finden? Sicherlich sind auch einige Schätze hierunter, Dinge, Qualitäten, an die ihr schon lange nicht gedacht, die ihr schon lange nicht genutzt habt?

Es ist ein spannendes Abenteuer, das eigene Gewicht zu ermessen, das, was ihr mit euch rumschleppt! Und dann – der große Befreiungsschlag – oder wie bei der Schülerin, in vielen, vielen kleinen Schritten – das ist eure Entscheidung!

Ihr setzt das Gepäck ab! Ihr entscheidet neu, was weiterhin mit auf die Reise darf und welcher Dinge ihr euch entledigen wollt!

Was für ein großer, HERRLICHER Schritt!

Geht es sich nun nicht beschwingter?
Seid ihr nicht aufrechter
in eurem Gang?
Erkennt ihr euch selbst noch wieder, jetzt,
wo ihr so leicht geworden seid?

Gut so – lasst euch dies erleben, wahrlich erleben! Und ihr werdet fündig werden!

Wohlan, liebe Schülerin, auf zum nächsten Kapitel. Die 4.

4

Nun möchte sich ein anderer Aspekt unseres Kollektivs zu Wort melden, seine Sicht mit uns teilen, uns in seiner Liebe sein und aufgehen lassen.

Eine andere Stimmung ist angestimmt, dies teilten wir der Schülerin bereits zum Ende des Kapitels 3 mit. Sie wusste, einer neuen Ruhe sollte sie sich nun verschreiben. Sie wusste, wusste aus einem inneren, stillen Wissen heraus, dass eine künstlerische Sicht auf die Dinge nun Gestalt annehmen wird.

Sie ist sich dessen bewusst, doch nicht der Dinge, die da kommen. Unsere Durchgabe, unser Plan, ist ihr gänzlich unbekannt, er ergibt sich ihr im Laufe des Schreibens, so seid ihr euch doch darin einig, geeint, dass ihr die Entdeckung der Worte, der Schwingung, die Sein tragen, erst vollends bewusstwerdet, so sie denn euer Bewusstsein durchdringen.

In einen anderen Rhythmus muss sie nun, wird sie nun finden, findet in ihn, wie er in sie findet. Einen anderen Rhythmus eignen wir uns nun an, um Ausdruck zu verleihen dem, was gesagt werden will, gesagt werden muss. Denn es ist keine Wahl, schon oft sagten wir der Schülerin: Es ist Selbstzweck, was entsteht.

Denn das Mehren der Liebe, durch Teilen, Streuen der Liebe, ist unser Ansinnen. Obgleich es sich in den letzten hundert Jahren gewandelt hat, den Zeiten angepasst hat, wie schon über viele Äonen hinweg, wie es schon IMMER der Fall war, wollen wir euch doch versichern, wir wissen genau, sehen klar, was nun in der heutigen euren Zeit vonnöten ist.

Ihr werdet euch erheben, als Menschheit und Gesamtbevölkerung, wozu wir auch das Tierreich zählen, die Naturwesen und Pflanzenwelt. Alles wird durchdrungen vom unendlichen Lichte, auf dass es erblüht, wächst und gedeiht!

So wie ihr Menschen gedeiht
und zu voller Blüte kommen werdet,
so tun es die euch nahen Wesen ebenso.
Alles schwingt im gleichen Rhythmus,
atmet im Kontext, im Song des Universums.

Ein frohes Lied ist angestimmt, auch wenn es nicht aller Tage so erscheinen mag. Wir wissen durchaus um die Umstände, die sich in euren Landen ergeben, wir wissen um die politische Lage, sowohl gesamtweltlich als auch in einzelnen Nationen – wir sehen und wissen um die Bedrängnisse der Einzelnen wie der Masse, kleiner Gruppen sowie größerer Bevölkerungsströme, wir wissen um eure Sorgen und Nöte, und doch wissen wir auch um die unendliche Perspektive.

Wir wissen um eure Wahlfreiheit, eure Seinsfreiheit, euer Entstehen im unendlichen Licht. Ja, diese Worte mögen euch nachdenklich stimmen, denn schon so oft wurde berichtet von Bewegungen hinzu aufs göttliche Licht. Aber dies waren Teilaspekte, die wahrgenommen wurden, oftmals wahrgenommen wurden, und doch nicht das Ganze. Der totale Blick auf die Dinge, der neutrale kühle Blick, das Wissen um die größeren Zusammenhänge lag lange nicht so klar und offen, wie es dies zurzeit tut.

Es bietet sich euch eine einmalige, unverhoffte und doch stets erwartete Gelegenheit, Öffnung und Veränderung, eine neue Seinsart, euren Weg zu gestalten, aktiv voranzutreiben, zu erlauben, auf dass sich entfalten möge, was zur Entfaltung bestimmt ist.

Schon oft haben wir gesagt, und die Schülerin wird sich dessen erinnern, ein neues Sein ist angetan, ein neues Sein im göttlichen, unendlichen Sein. Seine Qualitäten dürfen wir uns aneignen, dürfen gestalten, aktiv gestalten für uns im Einzelnen wie auch im großen Ganzen!

So viele Talente warten auf ihren Einsatz, so viel darf in Liebe entstehen. So viele einzelne Seelen widmen sich nun immer mehr dem, wozu sie berufen sind, berufen wurden und sich selbst berufen sehen, wissend um ihre Aufgabe, die sie angenommen und selbst geplant haben in der raum- und zeitlosen Dimension vor vielen Jahren.

Die Erinnerung steigt langsam wieder auf, kommt zu euch zurück, so wie sie sich ergießt auf euch! Endlich, wahrlich endlich erhebt sich, was zur Erhebung bestimmt ist.

Wenn alles im Rhythmus der Liebe schwingt,
wenn diese Schwingung, die ist,
endlich erkannt, von allen erkannt wird,
dann kann Großes entstehen,
dann endlich kann die Welt
zu ihrer schönsten Blüte gereifen!

Wenn endlich alle gemeinsam am Fortkommen des großen Ganzen, der Menschheit und der Erde einvernehmlich arbeiten, jeder mit seinem Talent, seinen Wünschen und Bedürfnissen, sich selbst auszudrücken und zu entfalten, sodann, ja, nun dann steht dem Aufstieg des Planeten nichts mehr entgegen!

Ihr seht wahrlich das Katapult, das sich ergeben wird und ergibt, schon jetzt in eurem wachen Entstehen.

Der Schülerin wird nun etwas mulmig zumute, denn unser Ansinnen, in Liebe entstehen zu lassen, was ist, das teilt sie durchaus – doch wann immer wir solche oder ähnliche Worte wählen, den Blick auf die große Perspektive lenken, so weiß sie, dies ist das Richtige zu tun, so viele verzehren sich danach, Worte über das große Erwachen zu lesen, doch ihr selbst ist nicht ganz wohl dabei.

Sie fürchtet, dass sie damit Aufmerksamkeit auf sich ziehen wird, dass sie nicht so weit ist, mit der Konfrontation umzugehen, mit dem Segen, der dadurch auch entsteht, entstehen mag und entstehen wird. Denn dieses Buch ist Selbstzweck, es erhebt sich, wird geschrieben von uns wie auch ihr, denn sie weiß jederzeit, sie könnte sich uns auch verweigern.

Jederzeit, in jeder Sekunde könnte sie diesen Prozess abbrechen. Sie könnte editieren, was sie nicht teilen will, sie könnte beschränken, Grenzen auferlegen, und doch weiß sie um die Reinheit unserer Intention. Sie weiß um das, was gesagt werden will. Und sie entscheidet sich in jedem Moment neu, sich dem zu widmen, vertiefend zu widmen und geschehen zu lassen, was sich zur Entfaltung zeigt, bereitsteht, in aller Liebe bereitsteht. Und sie gereicht dem zur Erfüllung!

Schon gut weiß sie um unsere Schwingung, unsere Aufrichtigkeit, und würde sie einmal an der Energiequalität, an der Intention, an der Lichthaftigkeit und Sinnhaftigkeit dessen, was gesagt werden muss und will, zweifeln, sodenn würde sie die Information sogleich in die Schranken weisen!

Sie würde editieren! Sie würde streichen! Und doch ist sie im vollen Vertrauen, dass sie, auch wenn es ihr selbst nicht so erscheint und es Worte sind, die sie so nicht wählen würde, sodass dies doch gesagt werden muss, gesagt werden will, gesagt wird. Auf die eine oder andere Weise.

Viele Wege gibt es, sich mitzuteilen und die eine Wahrheit zu verkünden. Viele Aspekte gibt es zu beleuchten, viele Möglichkeiten zu benennen, die sich euch auftun können. Doch sie überlässt uns den Fluss, ist sich sicher, dass wir weise wählen, nennen wir uns das Kollektiv der Weisen. Und wahrlich nennen wir uns nicht nur so. Wir haben dies in vielen, vielen Hunderten, Tausenden Inkarnationen zu Beweis gestellt wie auch in der raum- und zeitlosen Dimension. Viele Berater ziehen wir uns zur Seite, viele Aspekte beleuchten wir.

Mit mir drückt sich nun eine Künstlerseele aus, die verstanden hat, wann ihre Zeit ist, wann ihr Moment ist, wann sie ihre ganz spezielle Energie leuchten lassen kann.

Die Schülerin kennt dies und mich von zuweilen stattgehabten esoterischen Ergüssen, wahrlicher Literatur, Gedichten voll von Schwingung und Rhythmus. Vielleicht werden wir bei Gelegenheit auch einiges hiervon einfließen lassen.

Doch ich bin bei Wahrem nicht der einzige oder gar der wichtigste Teil des Kollektivs. Die Schülerin weiß um einige unserer Anteile oder Aspekte, wie wir uns nennen, denn wir sind nicht getrennt voneinander, doch verwoben im Ganzen wie in uns selbst.

Energetische Aspekte bereichern sich gegenseitig, und so ist es auch bei uns im Kollektiv der Weisen, das sich zusammensetzt aus allerlei Buntem und Wunderlichem. Wir werden beizeiten näher hierauf eingehen, doch für nun sei vermerkt, dass wir allerlei Aspekte darstellen, ähnlich bunt wie auch das bunte Leben! Wir tragen verschiedene Farben zusammen, mischen sie auf einer großen Palette und projizieren sie auf unsere Leinwand, die Worte, die die Schülerin so beflissentlich aufschreibt.

Wir kleiden unsere Sprache mal in ein Gewand des Gefühls, der exakten Wortwahl, mal erscheinen wir begierig, mal belehrend, doch immer frohgemut! Die Schülerin weiß auch um unsere Energie, unser energisches Sein, wenn wir ihr vehement entgegentreten und fordern, zumeist sie auffordern, sich zu entwickeln, sich ihrer Entwicklung aus ihren Umständen heraus zu widmen. Sie weiß, wir meinen es gut, daher fügt sie sich dem Tonfall, der immer der Situation angemessen sich ergibt und verändert.

Die Worte, die transportiert werden,
sind nicht die eigentliche Energie,
sie sind eine Art Form, in die das
ihnen zugrunde liegende Wissen
gegossen wird.

Die eigentliche Energie der Wandlung und Transformation ist die, derer wir uns zumeist bedienen, doch lassen wir auch immer wieder die Essenz durchscheinen, die einzige wahre Liebe, die ist. Denn so soll es sein, so muss es sein, nur so ist es sachdienlich. Denn die einzige Sache, der wir dienen, ist die unendliche Liebe, ist das unendliche Licht in jedem von euch.

Ja wahrlich, von dieser Perspektive heraus sind wir wahrlich eure Diener! Doch vor allem sind wir eure Freunde, und das wollen wir betonen! Vielen von euch sind wir freundschaftlich verbunden, mit so manchem von euch teilten wir bereits eine Inkarnation, und viele von euch haben Worte aus anderen unserer Inkarnationen vernommen.

Es geht hier jedoch nicht darum, Einzelaspekte in den Vordergrund zu stellen, doch sei vermerkt, dass das Göttliche schon immer Boten gesandt hat, die eine Wahrheit verkündet hat, in allerlei Schriften, in allerlei Bildern, Liedern und Gedichten. Allerlei Songs wurden getrommelt, gesungen und geklatscht! Viel wurde in Liebe angedacht, auf jede erdenkliche Weise, so wie es das jeweilige Herz begehrte!

Und nun widmen wir uns
dem großen, ganzen Herzen
und seinem Widerhall,
der sich in jedem von euch findet
und fordern euch auf
– lasst euer Lied erklingen!
Lasst es ertönen, laut,
über alle Grenzen hinweg!

Die Schülerin tut dies nun auch, und trotz ihrer Ängste, trotz ihrer Vorbehalte fügt sie sich dem Wind und lässt ihr Lied erklingen. Denn ein so schönes Lied hat sie zu singen, zu verkünden, mit ihrer Energie, die hier mit der unsrigen verschmilzt. Wahrlich etwas unangenehm ist es ihr immer, wenn wir von ihrer Schönheit, ihrer Anmut, ihrem Stolz sprechen!

Viel leichter kann sie sich damit zurechtfinden, wenn wir ihre Schattenseiten beleuchten, ihr zeigen, wo sie noch zu wachsen hat. Wo sie noch verwickelt ist und wo sie noch zu lernen hat, einzig um der Erfahrung willen. Wo sie sich noch öffnen darf! Und doch sei dies hier so verzeichnet – wir sind auch unbändig stolz auf sie, so wie sie sich nun öffnet, sichtbar macht mit diesem unserem Unterfangen, uns zur Seite steht und dabei hilft, diese Worte, diese Schwingung auf der Erde zu verankern.

Verankern ist ein gutes Stichwort, und sogleich wollen wir euch dies nahebringen. Was würde euch die Verhaftung im Ätherischen, an dem ihr so interessiert seid, bringen, wäret ihr nicht imstande, diese Informationen, die Energie ins Hier und Jetzt, in euer heutiges, jetziges Erleben und Verhalten zu integrieren? Wem wäre geholfen, wenn ihr um alle Tugenden, alles Lichtvolle wüsstet und es doch nicht zu nutzen wüsstet?

Sodenn fügen wir euch immer wieder hinzu, sagen immer wieder erneut, bis ihr es nicht mehr hören könnt – achtet auf euch! Achtet auf eure Intuition, euren inneren Radar! Fühlt in euch hinein, wie es euch geht, was euch sinnig ist, wonach euch der Sinn steht! Womit ihr diese eure Erdeninkarnation verbringen wollt! So manchen ereilt ein rascher Tod, und viele werden alt, wissen ihre vermehrte Zeit doch nicht zu nutzen.

Was ist es also, das Lied, das ihr erklingen lassen wollt? Seid ihr mit euch in Einklang? Seid ihr mit dem großen Ganzen im Einklang – ja wahrlich, kennt ihr es überhaupt? Habt ihr euch in der Interaktion mit anderen Menschen beobachtet, auch erlaubt euch wirklich, wahrhaft zu beobachten? Habt ihr das getan? Denn so vieles würde euch eure Selbstbeobachtung zutage treten lassen, so vieles würde sich ergeben.

Wir reden hier ausdrücklich von der klaren, reinen Betrachtung, nicht von Schelte und humorfreiem Kritisieren!

Ihr dürft euch immer mit aller Liebe
der großen Liebe versichern,
die wohlwollend auf euch schaut,
sich über euch und in euch ergießt.
Nie seid ihr von ihr getrennt, nie werdet ihr
gescholten für Dinge,
die ihr noch nicht erblicket,
nicht einordnen konntet
mangels eurer Klarheit,
mangels eures Bewusstseins!

Auf dass, so seht ihr, wir euch in mehr Bewusstsein, in eine größere Freiheit, die letztliche, wahrhafte Freiheit in euch selbst bringen! Wir geleiten euch nur zu gerne dorthin, auf dass ihr selbst wach und frei entscheiden könnt, wie ihr dieses euer Leben verbringen wollt, nutzen wollt, euch dienlich machen wollt!

Viele von euch sind auch beschäftigt mit dem Blick auf andere Menschen – das mag zum einen eure Familie sein oder auch eure Freunde und Begleiter. Oft sind es aber auch eure Politiker, eure Prominenten, eure Quasiprominenten, denn sichtbar sind sie allemal!

Doch oft wisst ihr gar nicht, warum ihr euch mit dem umgebt, warum ihr euch dem aussetzt. Ist dies nicht auch eine freie Wahl? Und trefft ihr sie wirklich? Wieso schaut ihr die eine Sendung und bei der anderen zappt ihr weiter? Wieso verbringt ihr eure Zeit mit Werbung, dem Aussetzen eurer persönlichen Freiheit, eurer Unterordnung unter ein Konstrukt, das von anderen erschaffen wurde?

Nun, auch dies ist dienlich, denn wenn ihr euch immer fügt, immer unterordnet, immer tut, was die Masse tut, dann werdet ihr eines Tages ganz langsam merken, wie ihr euch TATSÄCHLICH dabei fühlt! Ihr werdet Dinge infrage stellen, die nicht mit euch in Resonanz gehen!

Wohlan, der innere Radar ist erwacht! Wir feiern diesen Moment, jeden noch so kleinen Moment, in jedem von euch, in dem er seine persönliche Wahlfreiheit erkennt! In dem er sie nutzt, sich den Moment nutzbar macht, indem er entscheidet, wie er diesen handhaben will.

In dem er entscheidet, ob er wieder dem gleichen Konstrukt, den gleichen Bemühungen, der gleichen Sicht anheimfallen möchte, oder in dem er hinterfragt, sich öffnet, auf einmal neue Möglichkeiten sieht oder zumindest für sich weiß – so mache ich nicht weiter. Dies ist mir nicht mehr dienlich!

Wohlan, dies ist doch ein guter Zwischenstand! Zu wissen, was man nicht mag, nicht mehr möchte, von dem man sich trennen möchte, womit man seine Zeit und Energie nicht mehr verbringen möchte, das ist doch der erste Auftakt.

Denn auf einmal fällt uns ein, wir erinnern uns, da gab es ja Momente, die haben uns viel besser gefallen! Die waren dienlicher! Wieso verbringe ich jetzt meine Aufmerksamkeit, mein Sein mit diesem oder jenem Ding?

Unseren Glückwunsch magst du empfangen,
denn einzig darum geht es
– deine herzkritische Überprüfung
deines jetzigen Moments!

Dass du ihn wieder in Acht nimmst, Auge auf ihn hast und dich entschließt, ihn zu nutzen!

Auf dass du ihn nicht erneut vergehen lässt, unbewusst verbleibst und dich später wunderst, wohin dein Tag entschwunden ist, so viele Stunden, wie dort waren. Wie viele hast du tatsächlich mit Versenkung verbracht? Wie viele in der Einheit mit dir selbst? Wie oft warst du hin- und hergerissen, hast dich von dir selbst entzweit? Wie oft hast du „ja" gesagt, als du „nein" meintest? Wie oft hast du deinen Stolz heruntergeschluckt, deine wahre Meinung, deine Freiheit? Wie oft hast du dich erkenntlich gezeigt, dankbar für die Hilfe, für die Liebe, die dir zuteilwurde?

Bist du mit dir im Gleichgewicht nach einem solchen Tage? Wir mögen es dir wünschen, doch wenn wir auf die Gesamtzufriedenheit von euch Menschen schauen, auf alles, was ihr den Höheren anlastet, und euch selbst nur als Spielball der Macht seht, so mögen wir sagen, wir bezweifeln, dass es euch gut geht!

Wir sehen euren Schmerz, euren Kummer, eurer Leid. Wir sehen, wie sehr ihr euch ignoriert, wie sehr ihr euren Kummer herunterspült oder begrabt unter allerlei Substanzen. Wir sehen dies!

So sind wir hier, an eurer Seite, und sagen euch – es gibt eine Alternative! Die heißt Bewusstheit. Ihr könnt euch eurer Wahl immer bewusster werden und sie immer wieder neu treffen!

Wir freuen uns über eure Entscheidung, uns bis zu dieser Stelle hier zu folgen, zu lesen, zu vernehmen, was wir zu sagen haben! Wir wissen, wir sprengen Systeme, alte Muster, alte Begrenzungen. All das will verdaut werden. All dem will Raum gegeben werden, und sicher auch etwas Zeit.

Aber wenn ihr die Ahnung, euer inneres Wissen, dass an alldem doch etwas dran sein könnte, nun ebenfalls immer mehr spürt, so wollen wir sagen – folgt dieser Duftspur! Es ist eine zarte Spur, noch mehr Klarheit werden wir dem hinzufügen, wie ihr in diesen Zustand kommen könnt, immer wieder kommen könnt, wie ihr sanft mit euch in diesem Prozess sein könnt und wie ihr euch ihm letztlich ergebt, auf dass euch geholfen ist und ihr genau die Hilfe findet, die ihr braucht.

So manches Mal mag diese in Form einer neuen Gelegenheit kommen, einer Erkenntnis, eines Mehr an Licht, an Energie, an Kraft in eurem Leben – oder auch an der Stärke, sich selbst bemerkbar zu machen, am Leben teilnehmen zu lassen – dem echten Leben, das eurer Substanz, eurer Essenz wahrlich anheimkommt und endlich wieder gerecht wird!

Wie viele Momente haben wir schon in Verzagtheit verbracht, wie viele, uns auszumalen, was wir anstreben oder auch nur erträumen.

Wahrlich, der Moment ist gekommen,
größer zu träumen, größer zu sein
– einfach zu sein!

47

Auf dass ihr euch wohl gehabt und zur verdienten Ruhe kommt nach diesem segensreichen und doch konfrontativen Kapitel!

Wir versichern euch erneut, unsere Bemühungen sind in Liebe angedacht, und der Tonfall wird sich bereits zum nächsten Kapitel wieder ändern, da nun Seth zum Ausdruck kommt, und ihm ist eine gänzlich andere Energie zu eigen. Eine freudige, eine wahrhaftig erhebende! Freut euch auf ihn, meinen Bruder. In Liebe, Kuthumi!

5

Meine Freude ist unbändig, nun da auch ich euch begrüßen darf! Wohl war mein Aspekt mit der bisherigen Durchgabe vertraut, hat sie mitgestaltet, hat die Energie geleitet, und doch habe ich mich im Hintergrund gehalten, so wie die Schülerin mich selten kennt – doch dem Meister den Vorrang zu geben, war und ist mir Wunsch und Bedürfnis!

Nicht oft geben wir uns der Schülerin so klar zu erkennen. Zuordnen kann sie die Energie des Kollektivs, doch auch sie wird zuweilen übermannt von den Einzelaspekten, die sich zu Wort melden – in aller Liebe zu Wort melden!

Der Schülerin sind Namen – ähnlich wie euch! – durchaus wert, so denn sogleich ihr Kopf einsetzen und alles bewerten und zerteilen darf. Deshalb wählen wir sie selten für unsere

Übertragungen, auf dass die Energie, das, was gesagt werden soll und will, im Vordergrund stünde!

Doch nun, da sie sich offenbart und zu uns steht, wollen wir für sie das Gleiche tun – wir stehen hier, frei und wild entschlossen ebenso wie gemäßigt und voller Ruhe und Schönheit in unserem Glanz und erfreuen uns unseres Wirkens!

Wir begleiten die Schülerin schon lange, seit einigen Jahren bereits kennt sie meinen Namen und Aspekt, sie ist an meine Energie gewohnt, und sogleich wird ihr leichter ums Herz, da ich mich unserer schönen Momente erinnere. Unserer ersten bewussten Kontaktaufnahmen, vieler Heilungsprozesse und Zeremonien, vieler Momente, in denen wir Persönliches ausgetauscht haben, da sie sich uns anvertraute, um Hilfe bat, nach Lösungen suchte. Schon oft war sie hingerissen und fasziniert von unserer Weisheit, oft verzagt ob unserer Versuche, ihr Mut zuzusprechen und ihr ihr inhärentes Licht aufzuzeigen, schon oft erbost, da wir sie auf ihre Schwächen hingewiesen.

Doch immer, und wirklich immer, war sie sich der Liebe, der Freundschaft zu uns, zu mir, bewusst! Immer wusste sie – wir meinen es gut! Schon oft hat sie uns um Hilfe, eine neue Sicht gebeten, und so haben wir langsam ihr Vertrauen gewonnen. Nie haben wir uns ihr aufgedrängt, eher entzogen, wenn sie psychisch überfordert war mit der Schönheit und Kraft, die sich ihr in diesen Übertragungen gezeigt haben!

Mit dabei waren wir bei ihren Einweihungen und Prüfungen, mit dabei, wenn sie zaghaft einen Fuß vor den anderen setzte und mutig voranschritt. Mit dabei waren wir, als sie scheiterte, als sie Wege ging, von denen sie wusste, dass sie ihr nicht dienlich waren, doch sie diese Entscheidung traf, um zu erleben und abzuhaken, was aus ihrer Sicht getan werden musste. Immer, fortwährend waren wir an ihrer Seite, da sie sich von der Liebe verlassen glaubte, als sie zweifelte, haderte und sich des Glücks bemächtigte. Wir haben ihre Auferstehung gesehen und begleitet, haben ihr die Hand gehalten

und dies ist unser Versprechen
– wir, die Weisen,
sind immer an eurer Seite.
Wir halten euch die Hand,
wir sind für euch da,
wir geben euch Impulse und agieren quasi
als Verstärker eures Herzens!

Wir, die geistige Welt, sind immer da und immer nah! Nicht auf anderen Planeten in anderen Sphären verweilen wir, sondern hier, mitten unter euch, an eurer Seite!

Wir sind, wo wir gebraucht und gerufen werden! Kein Ruf bleibt unbeantwortet – achtet auf die Zeichen, die zarte, leise innere Stimme, mit der wir zu euch sprechen. Gerade solange ihr die Sprache des Herzens noch lernt, achtet auf die Stille, achtet auf die leisen Töne und ihr werdet uns finden.

So, nun denn wollen wir zur Beziehung der Schülerin kommen, zu ihrer Beziehung mit dem Allganzen und der Welt. Schon oft hat sie mit ihr gehadert, hat sich als ärmlich gesehen, als nicht gesegnet. Nicht zufrieden war sie mit dem und dem, nicht zufrieden mit dem Körper, dem Intellekt, dem Selbstbewusstsein. Nicht zufrieden mit dem, was sie selbst zusammengefügt hat. Kritisch beäugt hat sie ihre Kunst, verlacht ihre Gaben und Talente. Gehasst hat sie sich für ihre Emotionalität, für die sie oft von anderen gescholten wurde.

Sie war sich selbst verhasst, das darf man so sagen und wir wissen, sie stimmt uns zögerlich zu. Sie war stolz auf Aspekte ihres Intellekts, nicht übertölpeln ließ sie sich so manches Mal, sie wusste um ihre harte Arbeit und war froh um jeden Schritt, der sie dem vermeintlichen Frieden näherbrachte.

Und doch merkte sie, mit jedem Schritt, der nicht aus ihr kam, sondern aus einer anerzogenen, eingeprägten Haltung, sie entfremdet sich mehr, als dass sie sich nähert! Diese Erkenntnis nun reifte in ihr voran, und dies war unsere offene Tür. Laut hat sie gerufen, verzweifelt gefragt, ob da mehr sei. Es beenden wollte sie so manches Mal, was ihr in diesem Leben geschenkt wurde – doch ihr Licht, ihr Wissen, ihr Zweifel am Zweifel waren immer ein Stück heller.

So ist sie noch hier und arbeitet nun so beflissentlich und mit all ihrer Liebe und Hingabe, zu der sie fähig ist, mit uns an diesen Texten, an unserem Energiegefüge, und leitet und lenkt auf diese Welt allerlei Wundervolles und Ergötzliches! Vieler Dinge ist sie sich selbst nicht bewusst und überrascht, alsbald sie diese sieht und vernimmt! Nie würde sie diese sich selbst anlasten, immer sieht sie in allem Guten uns und das Allganze, aus dem wir sprechen! Doch sehen darf sie auch ihren Beitrag, und das versteht sie immer besser.

Annehmen kann sie nun, da wir hier gemeinsam mit ihr sitzen und diese Durchgabe verzeichnen, dass schon so allerlei Freunde von uns bei ihr ein- und ausgegangen sind, so viele wollten sich ausdrücken durch dieses liebende Gefäß, und so möchten wir sie ermuntern, in Kapitel 6 einige Auszüge aus ihren liebsten Durchgaben zu verzeichnen! Eine Einladung, über die sie sich sehr freut, denn schon lange, viel zu lange wollte sie unsere Worte teilen und hat sich aus Angst immer wieder dagegen entschieden.

Nun, sodenn, die Zeit ist reif, und vieles, was zuvor gesagt wurde aus der raum- und zeitlosen Instanz, trägt eurem Bedürfnis noch immer Rechnung. Wir vertrauen auf die Schülerin, dass sie einige ausgewählte Passagen hier einfügen wird, die euch zur Liebe und Entwicklung gereichen werden! Fortan, Melia, fortan!

Hier nun folgen die zuvor angekündigten älteren Ausschnitte der lie-
bevollen Durchgaben der Freunde:

6.1 Über die Wandlung – Juni 2021

Das Thema Wandlung treibt dich um? Sodenn, lasse uns über
dies sinnieren. Wir sind bei euch, im Werden und Entstehen eines großen Prozesses, der Bewegung der Liebe zu auf jeden
Menschen und das Allganze.

Alles ist sanft und wiegt sich sacht – und doch biegt und
bricht es sich auch an den Maßstäben des Alten. Am Empor-
schwingen der Energie sollt ihr das Neue erkennen, am Auf-
bäumen und sich Erheben. Mit aller Macht will es sich erheben
und verändern und Ausdruck finden in der Natur um euch wie
auch in, durch und mit euch.

Ihr merkt zuweilen in eurem emotionalen Ausdruck, in der
Interaktion mit anderen Menschen, wie sich alles verändert,
aufbäumt und sich erhebt. Wie sich Altes mit Macht hebt, auflöst und zu einer letzten großen Revolution ansetzt. Fesseln
werden gesprengt, alte Muster aufgebrochen.

Mit Macht kommt die Veränderung, mit aller Macht und
Härte. Mit Gewalt, so man denn die Augen vor der Schönheit
der Natur verschließt. So ist denn die reinigende Macht eines
Sturms unbestritten, sie klärt und reinigt, damit Neues entstehen kann. Doch sie entwurzelt auch. Sie zerreißt und verwüs-
tet. Doch mit solcher Macht und Hingabe, dass sie eigentlich
dem Gärtner gleichzusetzen ist, der eine Rose liebkost, sich
kümmert und sie schützt.

Mit gleicher Hingabe und Nachdruck drängt
sich nun der Wandel auf,
der uns reinigt, läutert und klärt.
Der uns unsere Themen zeigt,
uns hilft im Moment des Aufbruchs
zu einer neuen Version
unserer selbst zu werden,
die unerschrocken voller Liebe ist,
sie teilt und stützt, die sich ihr verschreibt
und sie hintfortträgt zu neuen Ufern.

Als Sinnbild dessen, was sich fügt und erhebt, sollte dies nun reichen. Doch wir wollen gerne auch auf den Schmerz eingehen, der damit in Verbindung tritt. Der auch sein wird und ist. Doch wollen wir sagen, ihr müsst nicht schwer an ihm tragen, wenn ihr seine Funktion erkennt und die Intention der Liebe, die hinter allem steht, könnt ihr ihn beobachten als das, was er ist: Ausdruck des Wandels, Ausdruck und Motor einer Bewegung, Klärung und Läuterung, die die Menschheit wieder mit dem Allganzen vereint. Die motiviert und prägt. Schmerz ist nicht verhinderlich.

Die Überwindung
durch Akzeptanz des Schmerzes
als neutraler Ausdruck ist die Kunst,
die wir noch entdecken werden.

In ihr liegt auch unsere letzte, wahre Freiheit. Indem wir die transformative Kraft der Wandlung, den Wert des Schmerzes als Ausdruck der Liebe erkennen und letztlich sehen, dass alles nur IST, so transformieren, transzendieren wir selbst hin zu einer höheren, der größten, letzten Wahrheit.

Der Prozess IST. Wandlung IST. Macht sie euch zum Freund. Umarmt sie. Sagt: „Endlich bist du da, lass uns diesen Weg gemeinsam gehen, denn ich weiß, wir wissen, du bist gekommen im Namen, im Sinne aller Liebe. Ich umarme dich und nehme dich auf in mein Herz."

Begrüßt sie wie einen alten Freund, der immer schon dagewesen ist, doch nicht in eurer Nähe verweilt hat.

Die Akzeptanz
wird zum verbindenden Element,
wird euch Motor
und bestimmt den Grad eurer Freiheit.

Verbündet euch mit dieser Kraft und werdet Zeuge eines Schauspiels von wahrlicher Größe und Tragweite. Endlich ist sie gekommen, die große Transformation. Wir sagten es bereits schon einmal – das Konzept der Schuld hat ausgedient. Schuld war. Lasst sie los in Frieden, und die Wandlung wird euer Freund sein. Euer Begleiter. Euer Weg in die Freiheit. (…)

6.2 Klageruf – Juli 2021

Sachte erhebt sich mein Blick von der Brust der Ruhe neben mir, erhebt sich und geht weiter in den Horizont, erfüllt sich, lenkt sich über den Äther hinein in die Unendlichkeit.

Ich bin wach und klar und die Welt ist unendlich. Unendlich wie die Liebe, die wir hier auf Erden täglich spüren und doch nicht zu schätzen wissen. Die wir nutzen könnten, um in Frieden zu leben. Stattdessen entscheiden wir uns für Hass und Gewalt, für Trennung und Unsinn.

Alles Sinnliche erhebt sich sanftmütig und wird doch nicht geschätzt, zu laut die Welt, zu traurig der Tropf, der stetig und hämmernd zu Werke geht und doch nichts schafft. Sich frustriert der Welt zeigt, den Kopf neigt, sich dem Schicksal ergibt und doch mit ihm hadert.

Niemals zufrieden, immer getroffen von der Macht der Höheren, die er nicht versteht, denen er sich nicht zuwendet, die er geschehen lässt, nicht hinterfragt, nicht akzeptiert, doch immer kritisiert, erschöpft jammernd, was die Welt ihm zugemutet. Nicht dankbar, nicht erfüllt von Gottes Geist, von seiner Weite, seiner Klarheit, seinem Dunst. Seiner Liebe, seinem Mut und Verständnis.

Wir entscheiden uns jeden Tag neu und jeden Tag gegen die Liebe. Wie wäre nur ein Leben voller Liebe, voller Klarheit und Bewusstsein. Wie schön wäre die Welt, wenn frohlockend wir jederzeit den anderen schätzten und ihm unseren Dienst erwiesen. Wenn wir für uns nähmen, was uns getan, was für uns gut, bedenkend, was den anderen gegeben wäre, würden wir nicht alles nehmen aus Angst, nicht genug zu haben, für immer in physischen Sphären.

Wie wundervoll wäre die Welt,
wenn alle teilten, was sie besitzen
und was sie zu geben haben,
imaginäre Güter des Wesentlichen
wie erschöpfliches Physisches.

Die Welt wäre so viel gerechter, als wir sie gestalten und dann den hohen Kräften anlasten. Es ist der Mensch, der Böses schafft, nicht der Geist. Der immer fortwährende Geist, der nie erschöpft, sich erschöpft im Ganzen jedoch, immer da, immer auf den Menschen zukommend, ihm helfend, ihn unterstützend.

Nimmermehr könnten wir ungläubig und verschleiert auf die Welt blicken und sie gewähren lassen, wenn das eine Wissen eingesetzt hätte, unser Bewusstsein seinen Blick auf die Welt geworfen hätte und gesagt hätte: „So kann es nicht bleiben, meinen kleinen Teil möchte ich leisten und Dinge ändern, verändern, bewirken, tun, im Sinne aller Liebe und allen Miteinanders. So anders könnte die Welt sein, und diese Welt möchte ich nun erschaffen. Ich fange bei mir an und werde sehen, welchen Kreis ich damit ziehen kann."

So anders könnte die Welt sein.

Wir fragen uns ständig: Was kann ich tun,
was würde der Welt helfen,
statt ihr zu helfen, hier zu helfen,
in diesem Moment, in jedem Augenblick
zu tun, was getan werden muss,
was getan werden kann,

---

im alltäglichen Bewusstsein, in jedem kleinen Moment, in jeder Begegnung, in jedem Lächeln. In jedem Kontakt und jedem Wort. In dem, was wir sind, wer wir sind, zu wem wir werden, in jeder Entscheidung und mit jedem Blick.

Wir wissen nicht, was aus uns herausfließt, wozu wir fähig sind, solange wir es nicht fließen lassen, ohne zu denken, ohne zu kritisieren, ohne herabzuwerten. Alles wird zerdacht, nichts wird in Liebe erschaffen. Alles ist und nichts wird.

Wir wollen in Zukunft mehr. Mehr für euch und uns und alles. (…) Endlich passiert es. (…) Wie sehr sich alle danach verzehren, Worte des Aufwachens zu lesen, in ihnen aufzugehen, statt sie selbst zu schaffen, zu erleben. Sie leben im Drang, durch Fremde zu erwachen, nun, diesen Gefallen tun wir ihnen gern, denn es ist Selbstzweck, was entsteht, die Liebe findet ihren Weg. (…)

Wir sind ein Kollektiv, das sich der Veränderung durch Liebe verschrieben hat und dich als Gefäß gewählt hat, seine Worte zu verbreiten. (…) Wir alle sind im Plan, arbeiten am großen göttlichen Plan, der Erde wieder zu mehr Glanz zu verhelfen, ihre Natur aufzurichten und Leben zu erschaffen, das im Einklang und in Harmonie mit der Natur sich erfüllt. (…)

6.3 Die Natur als Spiegel – Mai 2022

Du siehst die Aura der Bäume, du fragst dich, ob sie in Frieden sind, und wir können dies bejahen. Sie haben viel Arbeit, viel zu tun, und doch gehen sie ihren Weg in Frieden, den die Menschen oft vermissen lassen oder vermeintlich gar nicht kennen. So viel ist anders in der Welt der Pflanzen und Tiere, und doch sind sie ein Spiegel eurer selbst und eures Erwachungszustandes.

Nur eine erwachte Seele fragt sich, ob der Kontakt, den sie zu ihrer Umwelt hegt, ein förderlicher ist. Nur eine erwachte Seele trachtet danach, gut zur Umwelt zu sein.

Eine im erwachen begriffene Seele wird ergriffen von dem, was um sie herum passiert. Sie erwacht mit ihren Sinnen, zu ihren Sinnen, die ihr bisher fremd waren. (…)

6.4 Brücken der Liebe – August 2023

Ruhe, Melia, Ruhe ist es, was du brauchst. Ruhe schenkt dir Entfaltung. Einkehr ist dir Richtung. (…) So sehr noch verschließt ihr euch vor dem, was euch Rechnung tragen könnte.

Würde. Was euch so sehr helfen würde, ins wache Entstehen zu kommen.

Melia, alles ist gut, das sagten wir stets, doch es ist an der Zeit. An der Zeit der Beschleuniger, ihre Aufgabe anzunehmen, voranzuschreiten, zu entwickeln, zu verankern und zu segnen.

Der Weg ist es, der gesegnet werden will, durch alle Lichter, die ihm schon zur Seite stehen, die seine Ankunft vorbereiten.

Der Weg der Segnung ist ein weiser, so denn der gesegnete Weg sich selbst findet. Er findet sich selbst, ist sich Richtschnur, Leitschnur und kann nicht anders, als sich zu erfüllen.

Du segnest den Weg des Herzens,
indem du die ihm
innewohnende Kraft siehst,
ihr vertraust, ihm folgst,
ohne ihn eigentlich zu kennen.
Denn du bereitest ihn mit.

Dein Bereiten bedeutet, darauf zu gehen, und indem du gehst, öffnet er sich für andere, wird zu einer breiteren Straße. Wird zu einem sanften Weg, der leichter ist zu gehen. Die Energie der vielen, die ihnen vorausgingen, wird ihnen helfen, ihn anzunehmen, ihn selbst in sich aufzunehmen und ihr Herz dem Herz der Herzen zufliegen zu lassen.

Du fragst, wie du helfen kannst.
Du musst zuerst dir selbst helfen
und akzeptieren,
dass dies der wahre Weg ist.

Wieso erkennst du nicht an, dass du selbst es bist, die Hilfe braucht? Erlöse dich selbst, erkenne an, dass dein Weg noch vor dir liegt und gegangen werden will und muss, um als Befreite Version deiner selbst agieren zu können.

Das wesentliche Fundament, das du dir und anderen legst, wirst du nicht greifen können. Es ist das Bauen des Weges, es ist die Brücke der Liebe, die du im Hier und Jetzt verankerst und die den Weg ebnet für so viele.

Die Brücke der Liebe ist es,
die wir alle bauen müssen.

Es ist unsere letztendliche Aufgabe, alle unsere Brüder und Schwestern zurück in die Heimat des Lichts in Gott zu holen.

Sie alle müssen ihren Weg gehen, wir können ihnen diesen Weg nicht abnehmen. Aber wir können ihn gut ausleuchten, können ihn sicher machen, ihn breit anlegen, sie alle willkommen heißen, während sie auf ihm hinaufschreiten.

Die Brücke der Liebe ist die Brücke der Erlösung. Nimm sie an. Vertraue, dass du diesen Weg gehen darfst. Dass du willkommen bist. Dass du angeführt wirst. Dass du selbst als Licht im Lichte sein darfst.

6.5 Deine Wahl, nicht dein Urteil – Oktober 2024
Das Schauspiel auf der Erde ist bizarr, so viel ist getragen vom Wahnsinn, so mag es scheinen. (…) Das Kontrastbild muss sich erhöhen, auf dass alle ihre Wahl erkennen und eine freie, unbestechliche Wahl treffen. Ihre persönliche Wahl.

Die Wahlfreiheit steht an oberster Stelle bei dem Geschenk, das euch mit dem Erdenleben in dieser Inkarnation gegeben wurde.

Es sollte vortrefflich genutzt werden, aber jeder nutzt es in seinem persönlichen Kontext, in seiner persönlichen Bereitschaft, mit seinem persönlichen Entwicklungsstand, seinem persönlichen und überpersönlichen Sein.

Nicht leicht ist es zu sehen, dass man in eine Richtung gegangen ist, die dem Ganzen nicht dienlich ist. So viele erschrecken sich und werden sich noch erschrecken, wenn sie sehen, wie sie die Liebe gefehlt haben. Doch was sie nicht brauchen, ist Verurteilung.

Sie brauchen Liebe und Beistand,
die ihnen hilft,
sich neu auf ihrem Weg auszurichten.
Die Liebe, die ihnen erlaubt,
Fehler zu machen, die da ist,
wenn sie ihren Kurs korrigieren wollen,
sie einzig ist.

Alles andere ist Schall und Rauch.

Wenn die Reue, die wahre Reue einsetzt, dann entsteht eine Kraft, entlädt sich eine Kraft, die sich zuvor dem Dunkeln widmete, nun entsteht aus ihr eine Gegenbewegung, die das Erheben aller beschleunigt. Wenn diese Kraft sich umkehrt, umdreht, ist uns allen geholfen.

So zählt jedes Licht, jede Seele, jede Entscheidung, jedes Mehr an Liebe, auf dass es sich im Großen erfüllt und ergänzt. Je mehr die Liebe zu unser aller Mantra wird, desto mehr kann sie sich erheben.

Manchmal bedarf es eines großen Chaos, bis wir vor der einen Entscheidung stehen und unser Licht, unsere Kraft, unser Bewusstsein in neue Bahnen lenken.

Urteile nicht, urteilt nicht. Wir sind dankbar für jedes Licht, das sich dem Strom des Lichts ergibt. Wir alle sind diesen Weg gegangen. Die Erdenleben in dieser Dichte, unter dem Konzept und Leitstern der Wahlfreiheit, führen allerlei Dunkles zutage, doch nur um zu vergehen.

Unser letztes Ziel ist das Licht. Das war es immer. Und das wird es immer sein. Wir werden gnädig in seiner Liebe gehalten, sind immer willkommen zurück im Licht, trotz unserer Taten. Niemand führt eine Liste, führt Buch und verwehrt uns den Einlass.

Wir können dies freien Herzens wählen, können uns für das Licht entscheiden, immer wieder neu, in jedem Moment, und uns wird geholfen sein. Nicht nur uns selbst, sondern dem Ganzen. Treffen wir alle diese Entscheidung für das Licht, so wird sich die Welt erheben.

Die Lichtarbeiter gehen wahrlich durch dunkle Zeiten. Schwierig ist es manchmal, sich selbst als Fackel im Dunkeln zu sehen, doch wir wissen um unseren Dienst. Wir wissen, er ist alternativlos, denn die Liebe erfüllt sich bereits, und wir lassen sie gewähren. Wir fügen uns dem natürlichen Lauf der Dinge.

Wir haben verstanden,
dass der Strom der Liebe der wahre Fluss ist.
Und so sie denn manchmal
durch dunkle Täler fließt und kreist,
so ist sie doch so immens wichtig,
auf dass sie vielen Licht spendet,
und sei es auch nur
für einen kleinen Moment.

Jedes Lächeln ist ein Geschenk. Jede helfende Hand im Jetzt ist ein Geschenk. Sie sagt danke, sie hilft sich selbst, nicht nur dem, dem sie gereicht wird. Sie lässt etwas entstehen, das uns allen hilft, das den Strom unterstützt, in dem wir uns befinden. Sie lässt fließen und beschleunigt, was passiert.

7

Wir übergeben nun an die heilige Maria, Mutter Gottes. Dies nun überwältigt die Schülerin, dissoziieren muss sie sich, um fortan klar und weise zu bleiben in ihrer Reinheit, die nun Spiegel und Gefäß für ein solch wunderbares Geschöpf, für eine so vollendete Liebe sein soll und darf wie die der heiligen Mutter! Sie nähert sich ihr nun mit Bedacht, und der Rhythmus, das Tempo wird ein anderes.

Eingekehrtsein, Anmut und tiefgründige Liebe offenbaren sich nun. Eine Hand wird ausgestreckt und offen gehalten. Die beständige ruhige, klare, weise Liebe der Mutter ist an deiner Seite. Öffne dich ihr, öffne dich den leisen Tönen, und du wirst sie spüren können.

Geahnt, gewusst hat die Schülerin, dass ihr diverse Kontakte, verschiedene Aspekte offenbar werden, doch ging sie von einer Offenbarung für den Leser aus und nicht für sich selbst! Erneut stimmen wir den Gesang an und wollen sie darauf hinweisen – bevor wir die Liebe teilen, mehren können, dürfen wir sie für uns selbst annehmen. Müssen wir sie für uns selbst annehmen.

Und du bedarfst dieser reinen, zarten Liebe so wie viele von uns. Insbesondere die Introvertierten, die Missverstandenen, die Arbeiter, die Helfer, die Heiligen unter uns, die sich ihrer eigenen Heiligkeit nicht bewusst, ihrer nicht gewahr sind, all die, die so viel Liebe zu geben haben, vernachlässigen sie doch so oft, sie auch anzunehmen, die beständige, reine sanfte Liebe, den Sanftmut, der ist.

Nun ist die Schülerin herausgefordert, sich dem zu öffnen, hinzugeben, während sie dabei beobachtet wird. Ihr Herz schmerzt sichtlich, sie kennt dies nicht. Selten ist sie bereit, solch innige Liebe, die alle Gnade umfasst, die nie auf Schuld blicken oder auch nur Schuldiges sehen könnte, erahnen könnte, zuzulassen.

Diese reinigende klärende Liebe, die immer von einer noch größeren Liebesfähigkeit ausgeht, die immer den Zustand des entwickelten, voll glänzenden Ichs sieht, die sich nur der schönsten und anmutigsten, liebendsten und liebevollsten Qualitäten im Menschen gewahr ist, weil sie einzig weiß, dass NUR dies ist und alles andere im Schall und Rauch der Illusion vergehen wird, diese Liebe ist nun.

Die Schülerin ergibt sich, lässt sanft ihren Panzer abfallen, ergibt sich und verneigt sich. Du, Lieber Leser, kannst es ihr nun gleichtun. Auch dir zeigt sich die Mutter, auch du bist nun von ihrem Geist erfüllt. Auch dir soll ihre Liebe zu mehr Liebe gereichen, auf dass du sie teilen und mehren kannst!

Spürst du ihre Heiligkeit? Spürst du ihr Licht in deinem Sein? Welchen Wunsch hegest du, den die Mutter sehen und erfüllen darf? Was will dein Herz singen und sagen? Lässt du es nun zu Wort kommen, da du bereits von der Herzensliebe durchströmt wirst? Habe teil an diesem Prozess, habe teil und mehre, achte die Liebe, die ist.

So vieles wird sich dir nun erschließen! In stillem Gewahrsein lassen wir dich nun bei ihr und wissen um dein Licht.

8

Es ist an der Zeit, Ananda sprechen zu lassen.

Deine Hände wissen es schon, dein Herz weiß es schon, dein Selbst weiß es schon, geliebte Schwester! Längst sind wir eins! Längst sind wir verbunden und arbeiten ineinander! Ja, auch ich fühle und nenne mich diesem Kollektiv zugehörig, das du auch als Weiße Bruderschaft kennst. Schon oft waren wir verbunden, schon oft wirkte ich in deiner Heilarbeit mit dir. Nun darfst du dir unseres Kontakts gegenwärtig sein.

Ich bin hierhergekommen, nun zu dieser Zeit, an deiner Seite, um das nächste Kapitel anzustimmen – den Aufstieg von Erde und Menschheit. Schon einmal bin ich zu euch gekommen, zur Zeit Jesu Christi, wir ihr ihn nennt, und habe mich zu erkennen gegeben als der Sohn Gottes, so wie wir alle Söhne und Töchter Gottes sind.

Diese Erkenntnis jedoch bedarf noch ihrer Wirkung, noch ist sie nicht wahrlich zu euch, in eure Herzen vorgedrungen. Noch seht ihr euch als die büßenden Sünder, die Schlimmes angestellt haben müssen, auf dass Gott sie so bestrafe. Doch dem ist nicht so. Ihr habt eine Wahl getroffen, immer aufs Neue, und dies war nicht immer eure dienlichste Wahl. Doch dies ist abgetan. Es ist nicht mehr.

Wenn ihr nunmehr im Sinne aller Liebe handeln wollt, so begebt euch in die Liebe! Euch selbst gegenüber wie auch jedem anderen. Vergebt. Es gibt nur eine Sache zu tun – vergebt. Jeden und allem, wie auch euch vergeben wurde.

Wieso auch sollten wir euch wie Kinder strafen, nur weil ihr euch wie Kinder verhieltet? Noch war euch der Kontext nicht offenbar, noch wart ihr nicht des reinen Bewusstseins. Wie sollten wir da richten?

Wie sollte der Vater richten,
außer im Sinne aller Liebe
euch entstehen zu lassen
als das, was ihr seid:
die Liebe selbst!

Wohlan, dies war angetan, und nicht nur seitdem, doch besonders seitdem verhelft ihr euch selbst zu neuem Glanze! Jede eurer Entscheidungen kann euch helfen, mehr Licht zu halten, mehr Licht zu fassen, das Licht im Lichte zu sein!

Wählt diese Möglichkeit, wählt sie jeden Tag neu und euch wird geholfen sein! Akzeptiert eure Wahlmöglichkeit, sie einzig ist. Die Liebe einzig ist. Sie hat euch diese Möglichkeit gegeben.

Auf dann, fortan in eine bessere Zukunft, die der bewussten, liebenden Wahl! Ich stehe euch mit meinen Freunden zur Seite. In Liebe – Ananda.

9

Etwas erhebt sich,
Etwas lebt in mir,
Etwas steht in mir auf!

Etwas ist nah seinem Ziel!
Etwas gereift in mir,
Ward in mir auf ewiglich schon!
Nun ist es nah, hilft mir viel!

Mein waches Herz,
Erhabenes Herz,
Führt mich an,
Gereicht mir hier zu mehr!

Empfiehlt mich,
Ruft mich,
Zagt mich an,
Immer mehr, immer mehr, immer mehr!

Erhebe auch du dich, Schülerin,
wähle, dich dem zu öffnen,
was sich dir offenbart!
Erhebe auch du dich, Leser,
hier mit uns,
wähle, dich dem zu öffnen,
was dich ruft!

Hebe dich,
Löse dich,
Löse dich auf!
Erhebe dich selbst als das Ziel!

Kein Warten,
Kein Warten,
Nur Sein!

Nur Sein,
Nur Sein,
Nur Sein.

1 1

Geliebte Melia, der Gesang ist angestimmt! Wir freuen uns unbändig über unser gemeinsames Sein in Gott. Endlich ward die
Verheißung Realität, endlich erfüllt sich, was zur Erfüllung bestimmt ist!

Der nächste Abschnitt wird sich der Erfüllung widmen, eurem Aufstieg, eurem Aufgestiegenen Sein!

So allerlei Altlasten gilt es noch zu entrümpeln, aufzuräumen mit dem, was wir gelernt haben, uns angeeignet haben, ohne zu hinterfragen.

Und doch treibt uns eine gänzlich andere Stimmung um!

Die Freude erhält Einzug!

1 2

Meister Hilarion,

Chohan des Strahls der Weisheit und Erkenntnis.

Gestatten, Hilarion!

Einst verweilten wir zusammen in der raum- und zeitlosen Dimension gemeinsam, schon oft haben wir zusammen gefeiert und ein Fest der Heilung in Entstehung gebracht!

Schon oft haben wir die eine Liebe gefeiert, die ist, indem wir sie lenkten, auflenkten, erfüllten, hineingleiten ließen in die Heilsituationen vieler Menschen!

Nicht an all dies wirst du dich erinnern, geliebte Schwester, doch schon oft haben wir dies getan! Viele Äonen begleiten wir die Menschen schon, oft nicht gesehen, nicht erkannt und doch beglückt von der Heilung, die ihnen zutage treten sollte!

Auch ich möchte mich nun ausdrücken auf Einladung des großen Konzils, das dieses Projekt überwacht und befindet, meine Energie sollte mit der euren verschmelzen, in aller Liebe.

Sodenn folge ich gewiss dem Ruf der Liebe, der laut ertönt in unseren Welten dieser Tage! So viele sehen, sind bewusst sich dessen, was hier passieren soll, stehen uns allen zur Seite in aller Liebe und erbitten sich in ihrer Liebe unserem Wohlergehen und dem Voranschreiten des Projektes.

Von so vielen soll ich Grüße bestellen und bringe ihre energetischen Geschenke – und doch würde dies diese Mitteilung überfrachten, würde ich all ihre Aspekte benennen.

So begnügt euch mit dem Wissen – so viele halten euch die Stange! So viele sind an eurer Seite! So viele helfen jedem Einzelnen von euch, der dies liest und sich mit der Energie der vielen, des Allganzen verbindet.

Ein wenig über den Prozess, die Schritte der Heilung will nun gesagt werden. Im Prinzip ist dies alles schon erfolgt, denn das Band der Liebe und das, was sie ist, zieht sich bereits durch dieses gesamte Buch wie der rote Faden, dem auch ich mich anschließen möchte. Nur weil wir alle in der Liebe gehalten werden, ist es uns möglich, diese in liebevolle, heilsame Bahnen zu lenken.

Der Prozess der Heilung
ist in dem Sinne kein Prozess,
es wird lediglich wiederhergestellt,
was einst in Liebe und
voller Funktion angedacht war.
Dies ist Heilung. Es wird gesehen,
dass Heilung nicht ist, und so wird sie
auf die Bitte hin, das Gesehen hin,
neu erdacht.

Euch mag dies allzu simpel erscheinen, doch oft habt ihr schon gehört, dass so allerlei Heilungen spontan eingetreten sind – auf unerklärliche Art und Weise.

Wohl nicht dem, der Augen hat zu sehen! Alle Heilung ist spontan, denn sie ereignet sich immer JETZT! Manches Mal mag sie verzögert, verschleppt werden, nicht vollends angenommen, so ergibt sich aus eurem Blickwinkel die Episode der zeitlichen Genesung.

Doch wollen wir sagen, die energetische Heilung ist immer jetzt, der Körper wird dem nachgelagert diese neue Realität erschaffen, und hierfür wird manches Mal augenscheinlich etwas Zeit nötig. Oft jedoch, weil ihr die sofortige Heilung im Jetzt nicht integrieren, nicht fürwahr nehmen könnt! Würdet ihr euch dieser Möglichkeit öffnen, so wäre euch manches Mal geholfen!

Aber auch dieser Weg hat seinen Sinn, den der Suche und des zeitlichen Versatzes – denn nicht immer seid ihr bereit zu integrieren, dass die höheren Welten euch helfen. Nicht immer seid ihr für diese Einsicht bereit, es würde euer Weltbild erschüttern.

Und so wunderlich es den Anschein haben mag, ist dann die höhere Wahl der Liebe, euch euer Weltbild zu belassen, euch in eurem behüteten Kokon zu belassen und dem langwierigen Prozess der stückweiten oder auch der ausbleibenden Heilung zu überlassen, entsprechend eurem Wunsch und eurer Überzeugung.

Da wo Wunsch und Wille
konform gehen,
wo die Heilung
eine offene Tür findet,
dort ist sie bereits geschehen.

Dort wo sie auf offene Ohren stößt, auf offene Herzen, dort seid ihrer gewiss und sie ist.

Dies sollte für heute reichen! Wir wünschen euch einen wahrhaft zauberhaften, wundervollen Tag in der begrenzten oder auch entgrenzten Perspektive eures heutigen Seins!

Wählt in Liebe, wenn ihr Heilung wünscht, und sie ist euer!

1 3

Von der Entstehung der Menschheit beliebt es uns nun zu berichten, denn auch dies ist ein Aspekt, der gelernt und berücksichtigt werden will bei eurer Entstehung zum Selbst!

Ihr entsteht auf etwas hinzu, ohne dass ihr wisst, woher, woraus ihr kommt, und dies ist die mächtigste Illusion, die ihr euch selbst auferlegt habt!

Nicht zu erinnern vermögt ihr euch, wo ihr einst hergekommen, wo ihr noch immer verweilt mit eurem Herzen – und dies kommt einer Entmannung, einer Entmachtung eures Seins gleich, so ihr dies denn auf absoluter Ebene beurteilen wollt.

Wir wollen sagen,
öffnet euch für die Vorstellung,
dass ihr eure Heimat nie verlassen habt,
euch nie getrennt habt

von eurem ewigen Sein in Gott.
Öffnet euch für die Vorstellung,
dass ihr in eurer Essenz
wahrlich nie bedroht seid,
immer geliebt werdet
und euch die Tür jederzeit offensteht.

Findet euch ab mit der Vorstellung, dass Irren irrig ist. Zeitlich können wir irren, suchen, doch niemals final. Wer nicht gegangen ist, dem kann die Tür nicht verschlossen sein!

Diese Erkenntnis auch wahrhaftig zu erleben, dies zu ersinnen, zu fühlen und im Sein als Mensch zu begreifen, nur deshalb sind wir hier.

Erkennen wir uns als die, die wir sind und immer waren, steht uns die Tür nach Hause genauso offen wie die unserer eigenen Schöpfung! Lassen wir unsere Liebe überfließen und das werden, was in unserem Herzen wahr ist!

Wie gesegnet wären wir, wenn diese Utopie zur Realität würde – und dies ist nah! Wir sagen, ergreift die Gelegenheit, die sich euch hier und jetzt bietet, und erwacht, erweckt euer unendliches Potenzial. Ihr seid mit so vielen Talenten, mit so viel Liebe gesegnet, lasst sie sich endlich erfüllen!

Dies ist eure wahre Entstehung,
der Mensch WIRD erst!

In ihm ist so vieles angelegt, gerade erst macht er sich auf den Weg, dies auch zu verwirklichen!

So vieles hat er ignoriert, nicht näher betrachtet in seiner allzu wissenschaftlichen Sichtweise, die sich zuletzt etablierte. Doch bei allem Fortschritt, so wollen wir anmahnen, ist dies ein

Rückschritt, sich dem wachen Herzen, der Intelligenz des Ganzen zu entziehen, sie nicht näher anzuschauen als das eigentliche Rückgrat eurer Selbstwerdung und -entstehung!

Wollt ihr die Lösung der Gleichnisse, so schaut in eurem Herzen nach, dort findet ihr die einzig gültige, die einzig wahre Antwort!

Die Wissenschaft macht sich selbst lächerlich, wenn sie einzelne Organe, Organisationseinheiten und Intelligenzen von ihrer Erforschung ausnimmt! Welche Forschung nennt sich objektiv, die dermaßen subjektiv ist? Richtig, aber ihr Verstehen wird kommen. Es wird langsam kommen, aus der Erforschung Einzelner, die aktuell noch verlacht werden.

Doch ihr, Liebe Leser, ihr könnt euch selbst eurer eigenen Wahrheit, eurem eigenen Herzen öffnen! Wartet nicht auf die Masse, auf dass es ihr zuerst geschehen möge – dann wartet ihr vergeblich!

1 4

In eine neue Ruhe begibt sie sich, richtet sich erneut aus, macht sich leer. Nun bist du wieder hier mit uns, Melia, und du öffnest dein Herz. Zu großer Hilfe gereicht dir, was dieser Tage durch dich fließt, und noch einige weitere wird dies anhalten.

Mache dich frei von allem, was nicht du bist, was nicht aufs Innigste zu dir gehört, und wir werden uns gut mitteilen können! Bereit sind wir nun, erneut ein Schwätzchen zu halten, und du merkst, die Stimmung hat sich erneut geändert, mit dem Moment, in dem du zu uns gekommen bist.

Wir wollen wahrlich hören, welches Lied ihr singt, wenn ihr euch erhebt als allganze Menschheit. So viel Beobachtung, Unterstützung, Lenkung und Leitung wird euch zuteil! So viele von euch fragen begierlich nach Hilfe, nach Unterstützung, denn sie wissen, alte Probleme können nur mit neuem Denken, neuem Wissen, reinem Sein gelöst werden, und so wollen wir ihnen begegnen.

Ihr als allganze Menschheit habt euch in eine Situation hineinnavigiert, die euch nun nicht trefflich, nicht dienlich scheint, so vielen geht es so und sie seufzen, sie fragen, sie bitten um Hilfe.

Sie rufen die Götter an, doch eigentlich
sollten sie sich selbst anrufen.

Jeder mit dem, was er hat, jeder kann helfen. Jeder mit dem, was er ist, wie er zu sein und zu tun pflegt. Jeder kann neue Entscheidungen treffen, kann sich mit anderen zusammenschließen, um dem großen Ganzen zu begegnen, in Liebe zu begegnen und neue Wege zu finden und zu ebnen.

Sodann wollen wir natürlich trotzdem behilflich sein, wollen euch Weisung und Richtung geben. Sie zu befolgen, sie zu bejahen jedoch können wir euch nicht abnehmen. Ihr allein entscheidet, was ihr annehmen wollt und was ihr zu tun oder nicht zu tun gepflegt.

Wir können euch beistehen mit dem Blick aus einer anderen Perspektive, mit beobachtendem, reinem Sein. Wir sind unseren Weg gegangen, wir haben unseren Weg gemeistert, und auch ihr werdet dies tun und tut es bereits – indem ihr euch öffnet, indem ihr neue Türen wachsam beäugt, beobachtet, ob Sinnvolles, Sinniges, Anheimstiftendes aus ihnen hervorströmt!

Dies bleibt euch zu beurteilen, wir möchten euch nur raten, euer Herz, euer waches Herz, mit in diese Beurteilung einfließen zu lassen und diese nicht und nur vornehmlich aus dem Kopf heraus zu gestalten.

Euer Herz kann euch Leitstern, Anker, Richtung sein, kann euch helfen, im Herzmoment zu überprüfen, ob eure Ziele und Verfahrensweisen sinnig für euch sind – für euch individuell, ganz speziell und auch für euch als Gruppe, als allganze Menschheit, so ihr euch denn für diesen Blickwinkel hin und wieder entscheiden wollt.

Euch ist tatsächlich geholfen, wenn ihr nur aus eurer Brille schaut, denn helft ihr euch selbst, so helft ihr dem Ganzen. Und doch könnt ihr eure eigene, individuelle Wachheit steigern, wenn ihr euch neuen Perspektiven öffnet, neuen Standpunkten und neuen Möglichkeiten.

Was ihr vorher kategorisch ausgeschlossen habt, mag euch überraschende, neue Optionen geben! So seid mutig, denkt das Undenkbare, fühlt das Unerfühlte und lasst euch durchleuchten und reinigen vom unendlichen Licht, das wir gerne an euch weitergeben, in der Heilarbeit wie in unserem gemeinsamen Sein, jetzt in diesem Moment.

Ja, dieses Buch ward vor einiger Zeit geschrieben, und doch ist es aktuell, ist es brisant, ist es hilfreich! Es ist immer noch jetzt, in diesem Moment. Es ist immer noch euer Sein, euer waches Sein, das euch Leitstern sein kann und wird.

Entdeckt es, erforscht es, macht euch auf und probiert es aus! Ihr werdet wahrlich überrascht sein, welche Perspektiven sich ergeben, wenn ihr eure Situationen unemotional beobachten könnt. Wenn ihr euch ihnen damit auf eine neue Weise stellen könnt, sie neu evaluieren und bewerten könnt.

Die Emotion zu vernachlässigen, sie nicht fortwährend anzustarren und sich ihr zu ergeben, bedeutet, ihr den Stachel zu ziehen! Und wahrlich, da kennt die Schülerin sich gut aus!

Oftmals ist sie anheimgefallen den tiefen Tälern der Emotion, oftmals hat sie sie vollständig vereinnahmt, sodass kein Durchkommen zu ihr möglich war. Doch immer wieder hat sie sich selbst aufgerichtet, hat sich Hilfe angedeihen lassen, und so kommt es nun, dass sie in ihrem vollen Lichte, ihrem vollen Glanze hier sitzt, sich mit uns verbindet und euch so zu großer Hilfe gereicht.

Sie weist dies sogleich wieder von sich und überlässt uns den Raum und das Lob, und doch weiß sie, wir können sie so nicht gewähren lassen. Sei steht ihren Emotionen mit großer Objektivität gegenüber, mit einer Art wissenschaftlicher Neugier, und ist offen dafür, dass ihr Erleben und Entfalten seziert wird. Analysiert, durchleuchtet, umgedreht, umgewälzt – und ja, infrage gestellt! Denn dies ist es, was sie will.

Sie will größtmögliche Objektivität! Sie will ihren Emotionen neutral gegenüberstehen und sich nicht mehr in ihrem Griff fühlen! Sie will all dies, und so sagen wir erneut, es ist Selbstzweck, was entsteht.

Uns gerühmt eine Schülerin, die sich beflissentlich dem Prozess öffnet, sie erhält die Klarheit und Heilung, die sie erwünscht, und ihr erhaltet Beispiele, mannigfaltige Beispiele, wie sich das Erleben gestaltet – in und mit der Energie sowie ohne die selbige. Denn die Energie kennt die Schülerin inzwischen gut, mit ihr weiß sie hauszuhalten, weiß sie zu verstärken und zu Heilungs- und Kommunikationszwecken einzusetzen – und was ist die Kommunikation denn anderes als eine Energie, ein Entschluss, der sich der Heilung verschrieben hat.

Heilung ist nie eingleisig, Kommunikation ist nie eingleisig.

Diese unendliche Spirale, die sich aufwärts, einwärts dem Licht gebiert, sie ist es, die all dies zum Tragen kommen lässt und Schenker und Beschenkten gleichermaßen rühmt und trägt! Denn wir als eine Energie der Heilung, die sich des Mittels und Weges der Kommunikation bedient, sind doch auch einzig darauf aus, die Liebe zu mehren.

Doch sind wir auch weise und wissen, dass Hilfe für andere auch Hilfe für uns selbst ist! Helfen wir euch, helfen wir uns! Entwickeln uns weiter in der unendlichen Spirale der Weisheit und Tugendhaftigkeit, der Ergründung der unendlichen Liebe, deren Boden, deren Himmel wir noch nicht geschaut haben!

Immer höher hinaus, immer, immer höher! Es gibt kein Ende des goldenen Lichts, die ewige Expansion ist das größte Versprechen! In diese Expansion, in dieses Momentum wollen wir auch euch bringen!

Kehrt um, nehmt eine Weggabelung nach der anderen, mit aller Ruhe und allem Bedacht. Aber schreitet voran, macht euch das nächste Stück des Weges zu eigen, und ihr werdet finden, wonach ihr sucht.

Ihr werdet in die Ruhe finden,
in die kühle, klare Liebe,
der nach nichts durstet,
die nichts will und alles hat.
In ihr hört alles Wünschen auf,
in ihr sind alle Begierden
zur Ruhe gekommen,

einzig die Schöpfung,
der Drang nach Schöpfung,
nach immer neuer Exploration
und Entfaltung,
allein dies bleibt uns anheimgestellt!

Ist dies nicht wunderbar, in der Liebe und aus der Energie der Liebe sich erneut aufzumachen, einzig wahrlich aufzumachen ins Abenteuer Leben!

Dies kann und wird euer Ziel sein, so ihr euch eurer wachen Entstehung in Liebe verschreibt!

Wir wissen, dies ist eine neue Wahl – vermeintlich habt ihr euch mit ihr nie auseinandergesetzt, und doch erscheint sie euch nicht fremd! Etwas ist da, etwas klingt in euch an, das immer schon dagewesen ist, das immer schon seine helle Glocke hat erklingen lassen.

Manches Mal hörtet ihr den Klang, folgtet eurer Ahnung, folgtet einem Bauchgefühl und ihr wurdet reichlich belohnt! Viele schöne Momente wurden euch beschert, wenn ihr euren Kopf, euren immer fortwährend ratternden Geist zur Ruhe gebracht habt!

Wenn ihr gelacht, geliebt habt, wenn ihr gesegelt seid mit Rückenwind durch und mit eurem Leben! Immer dann, wenn die Liebe Einzug erhielt, ob ihr dies so nanntet oder als Gefühl der Freiheit bezeichnetet, immer dann wurdet ihr dessen gewahr, was die Liebe alles kann und möglich macht!

Seid in der Liebe, seid fortwährend immer in der Liebe und ihr werdet darin gehalten. Viele Freunde werdet ihr treffen, alte und neue, ihr werdet Dienliches erleben, das euch voranschreiten lässt bei eurem Leben und Entfalten, und wir werden euch mit all unserer Liebe zur Seite stehen.

So setzte die Schülerin ab und wusste, ein neuer Anfang muss gefunden werden! Ein neuer Anfang in euer waches Entstehen! Die große Frage nach dem „wie" drängt sich auf. Wir müssen lachen, schmunzeln, denn keine Frage hat uns die Schülerin häufiger gestellt als diese! „Wie mache ich das nur mit dem Aufwachen? Wie lasse ich alles los? Wie heile ich meine Nackenschmerzen, meine Migräne?"

Nun, zunächst komme ins wache Sein, aus ihm erwächst das rechte Tun! Ins wache Sein geraten wir, indem wir alles beiseitelassen, beiseitestellen, was dem wachen Sein im Weg steht. Hierbei gibt es Herausforderungen auf unterschiedlichen Ebenen, dies ist uns bewusst und diese werden wir beiseitestellen.

Es gibt nichts zu tun,
was nicht dem Sein erwächst!

Lasst eure Geschäftigkeit ruhen! Wir wollen nicht sagen, ihr müsst keinen Lebensunterhalt verdienen, doch ihr bestimmt das Tempo. Ihr bestimmt eure Pausen. Ihr bestimmt, welche Energie ihr investiert, wie wach ihr in jedem Moment eurer Tätigkeit seid! Denn die wache Tätigkeit ist keine Arbeit, bist du wach, so fließt die Tätigkeit aus dir raus, fließt die Pause aus dir raus. Einzig der Kopf, der nervige Verstand, kommt dazwischen. Die Institution in euch, die alles bewertet, alles zerdenkt, zerreißt, zerrupft, die meckert, nervt und nie, niemals zur Ruhe kommt, geschweige denn *euch* zur Ruhe kommen ließe, diese

Institution gilt es zu beobachten und in den Griff zu bekommen. Werde ihrer habhaft, und der größte Akt ist getan.

Aber auch dieses Tun darf dem wachen Sein erwachsen! Denn nur wenn du wach bist, kannst du dich dabei ertappen, dass du gerade wieder grübelst, zweifelst, dir selbst dein Leben zur Hölle machst! Und machen wir uns nichts vor – das kannst du gut, richtig gut! Es gibt kaum etwas, das du so gut kannst wie dir Gedanken zu machen und Urteile zu fällen! Darin bist du ein Profi!

Aber du hast noch nicht den Blick, die Perspektive, das Wissen, das du bräuchtest, um ein wahres Urteil, ein objektiv überprüfbares Aufwägen treffen zu können! Dies hast du nicht, denn hättest du es, so würdest du erkennen, dass die Welt, dass deine Situation keines Urteils bedarf.

Einzig die Feststellung,
ob es dir Freude bereitet,
ob es dir dienlich ist,
wird deinem wachen Sein erwachsen!

Kein sonstiges scharfes, kritisches Urteil darfst du bei einer Beurteilung mit dem Herzen erwarten. Denn dein Herz hat Verständnis für dich!

Es weiß sehr gut, sehr wohl, wo du stehst, wie es um dein waches Sein bestellt ist! Es kennt deinen Radar, es gibt ihn frei, es füttert ihn Energie! Es weiß genau, wo du bist, und lässt sich nicht übertölpeln! Es weiß, du hast noch einen Weg zu gehen, es weiß um deine menschliche Fehlbarkeit – die ist dir quasi eingebaut, daher rügt es dich nicht, es weist dich nur auf neue Möglichkeiten hin, die dir wahrlich dienlich sind. Die dir Freude bieten, die dir Entfaltung bringen, die dein Herz zum Singen bringen!

Möchtest du nicht fortan lieber mal auf dein waches Herz hören? Willst du ihm und seiner Weisheit lauschen, die du über Hunderte, Tausende von Jahren gesammelt hast? Sollte dieses Herz dich nicht besser beraten können als dein Kopf, der immer aus dem Katastrophalen, aus dem Schlimmen, aus dem unvorstellbar Beängstigenden schöpft? Wäre das vielleicht eine neue Möglichkeit?

Sodenn, fortwährend wollen wir fortfahren und uns dem verschreiben, was sich uns verschrieben hat.

Die allganze Liebe
hat sich uns bereitgestellt,
hat uns erlaubt,
all unsere Erfahrungen
in vollständiger Freiheit
einzufahren, zu gestalten,
hat uns freigelassen
zu tun, wie wir wollen,
zu schöpfen, was wir wollen!

Diese Freiheit, dieser unbändige Wille zur Gestaltung aus dem wachen Herzen heraus, er zählt noch immer auf uns!

Noch immer wartet er darauf, dass wir erkennen, in welche Richtung wir fahren und rudern wollen! Er wartet darauf, dass wir das Steuer rumreißen und uns endlich dem Strom des Flusses ergeben, nach innen, nach innen, nach innen.

Dort einzig werden wir unsere Antworten finden. Dort einzig wird der Strom gefügt und fließt hinaus, in unsere Richtung! Ist uns Rückenwind, für immer Rückenwind.

Macht es nicht Sinn, diesen zu entdecken? Wieso rudern wir so heftig gegen ihn an, statt uns weise führen zu lassen? Dies sei noch zu beantworten, doch Neues, so wissen wir, drängt sich ungern auf. Es ist da, um gewählt, um erlebt zu werden, sobald man sich entschieden hat. Doch diese Wahlfreiheit, dieser Impuls zur Handlung, zum wahren Sein, er ist es, der als erster erfolgen muss.

Setze deine Intention, tue deinen Willen kund, deinen wachen Willen, und dein Herz wird sich fügen, wird deinen Weg fügen, wird Platten aneinanderschustern und einen Weg machen, wo keiner ist.

Du kannst den ganzen Weg
nicht vorhersehen,
du musst vertrauensvoll
einen Fuß vor den anderen setzen,
wissend, vertrauend auf dein Herz,
dass die nächste Platte des Weges,
die nächste Sprosse der Leiter
da ist und zu sehen sein wird,
so du denn deinen Fuß hebst,
ihn darauf zu setzen!

Dieses Vertrauen in den Weg ist unumgänglich, und es wird dir möglich, wenn du im wachen Sein ruhst, deinen Kopf beruhigst und deine Themen abarbeitest.

So viel Arbeit, schaffe ich das denn alles? Was genau muss ich tun? Wisse um die Bereiche, die Muster und Gewohnheiten, die dich unfrei machen, und entledige dich ihrer! Du musst wahrlich nicht all das Gepäck, das du im Laufe deiner Lebensjahre und darüber hinaus gesammelt hast, mit dir rumschleppen! Entscheide, was dir jetzt, hier und heute dienlich ist, und den Rest lasse beiseite. Schau ihn dir in Liebe an, sage ihm deinen Dank, dass er deine Erfahrungen geprägt hat, dass du heute weiser bist, und gehe deiner Wege!

So wirst du immer freier, immer freier, endlich frei! Bist du völlig unbelastet, siehst du auf einmal, dass das Leben ein Tanz ist, dass es leicht sein kann, dass du auch Schweres, vermeintlich Schweres leichtnehmen kannst, indem du es wach ansiehst und wach entscheidest, wie du damit umgehen möchtest!

Wie soll dein schöpferischer Moment aussehen?

Denn mit jedweder Reaktion auf jedwedes Thema triffst du eine erneute Entscheidung und verschreibst dich damit deinem nächsten Moment. Du kannst aus der Freiheit, der Wachheit heraus entscheiden.

Nein, du musst nicht alles mögen, nicht dein Eigen nennen – und doch, wenn du es siehst, annimmst als etwas, das IST, bereits ist, so ziehst du der größten Illusion den Dorn, nämlich den, dass du dich wehren könntest gegen etwas, das bereits gegenwärtig ist!

Lerne mit dem Jetzt, dem Sein, Frieden zu schließen. Das heißt nicht, dass du jeden Moment wählst und einlädst zu bleiben, das heißt nur, dass du dich entschließt, ihm wach zu begegnen, ihn siehst und von dannen ziehen lässt! Du rufst deine Schöpfung auf den Plan mit jeder Reaktion von dir! Wähle weise, wähle mit Bedacht, immer aufs Neue, immer aus dem Moment heraus, deiner Mitte, deinem Frieden. Wähle den Frieden, und er wählt dich!

Mit jedem Mal, da du den Frieden wählst, ergibt sich ein neuer Pfad. Mit jedem Mal wird es leichter, da du dich für das Herz, für dein waches Sein entschieden hast! Wähle den Pfad, wähle die Freiheit, wähle dein Sein!

Dies ist unsere Empfehlung, doch natürlich kannst und wirst du dich auch für andere Wege entscheiden. Sieh einfach, wo sie dich hinführen – und wenn dir das Ergebnis, wenn dir die Reise nicht gefällt, sodann entscheide einfach neu! Nimm den neuen Moment, dein Jetzt an, und entscheide neu, wie du mit ihm umgehen willst. Wo du hingehen willst, wie dein Weg, deine Reaktion jetzt in diesem Moment aussehen soll, und erschaffe kraftvoll deinen Weg aus diesem neuen, wachen Sein! Wir wünschen dir gutes Gelingen und sind stets an deiner Seite, so wie dein Team des Lichts!

Die Schülerin mahnt uns an, es nicht zu übertreiben und euch mit allerlei Konstrukten zu überhäufen – und doch wollten wir, dass dies gesagt sei –

---

wann immer ihr zweifelt,
wann immer ihr denkt,
ihr seid allein,
denkt noch einmal!
Fühlt noch einmal!
Fühlt euch hinein,
in euer warmes, weiches Herz!
Fühlt die Liebe,
von der ihr
umgeben und durchdrungen seid!

Ihr habt wahrlich große Unterstützung, ihr habt alle Hilfe, die ihr braucht! Ihr seid nicht allein!

Wir wollen nun gerne auch den Lichtarbeitern ein Kapitel widmen, denn ihrer seid ihr viele, und vortrefflich helft ihr uns bei unserem Unterfangen, der Liebe zu mehr Durchdringung hier auf Erden zu verhelfen.

Wir wollen euch alle, so wie die Erde selbst, in neuem Glanz erstrahlen sehen! Wir wissen, dies ist auch euer innigster Wunsch, und ihr widmet euch dem so sehr, ihr seid offen, bleibt offen und tut so allerlei für euch und euresgleichen!

Und doch wollen wir euch auch daran erinnern, dass ihr im Fleische seid. Dass ihr in dieser menschlichen Inkarnation, vorübergehend in dieser Inkarnation seid, die sich längst erfüllt hat! Wenn die eine Liebe Einzug in euch erhalten hat, so seid gewiss, der Plan ist erfüllt!

Wir wissen, es dürstet viele von euch nach Dienst und Dienstbarkeit am großen Ganzen – und wir sind dankbar für eure Unterstützung, euer waches Sein, mit dem ihr so vielen als Licht und Fackel voranschreitet!

Doch seid euch eurer Bedürfnisse bewusst! Gönnt euch euren Schlaf! Esst und trinkt ausreichend, fühlt euch wohl, tut euch Gutes! Niemand muss darben, muss sich auszehren, der Askese verfallen als dem einzigen Weg zu Gott.

Der Weg zu Gott, der Weg zum Dienst
führt über das Leben,
über die bedingungslose Annahme
des Lebens und der Auferstehung, die ist!

Werdet euch eures eigenen Weges, eurer eigenen Liebe für euch selbst bewusst! Nehmt sie an!

Schneidet euch nicht von der Liebe ab, denn wahrlich, das kann kein Dienst in Liebe sein! Wenn du um die Liebe weißt und sie teilen und mehren willst, so ist dies ein hehres Ziel! Doch dann weißt du doch auch um ihre Nichtbegrenzung, um ihr Nichtenden! Sie lässt sich wahrlich nicht erschöpfen, so lasse sie doch auch dir selbst zur Hilfe gereichen!

Wenn du in deine Kraft kommst, wahrlich in deiner größten Blüte, deinem höchsten Glanze erhaben stehst, voller Demut und Dankbarkeit der Liebe gegenüber, so wirst du wahrlich WIRKSAM sein!

Der Schülerin müssen wir dies auch immer wieder aufs Neue begreiflich machen, einigermaßen begriffsstutzig und verängstigt ist sie hier!

Die Liebe geht niemals aus,
und niemand geht leer aus,
nur weil er Liebe für sich selbst nimmt,
um dann aus seiner Stärke heraus
die gleiche wach geben zu können!

Dein Herz ist ein Motor, und wurde er einst für die Liebe geöffnet und kann das volle Maß der Liebe halten, dann, sodann ergibt sich der Zugang in die Unendlichkeit und er kann stets, immer und überall aus dem Vollen schöpfen, für sich und andere! Er wird wissen um die Unabdingbarkeit der Endlosen Liebe, des Endlosen Vorrats, aus dem wir alle uns stets bedienen dürfen!

Erlebe dies und du wirst wirksam, weit wirksamer als in deinen kühnsten Träumen! Nimm die Liebe vollends für dich selbst an, und uns allen ist wahrlich geholfen! Jedes Mehr an

Licht ist gut! Jedes Mehr an Liebe ist gut! Dies musst du dir nicht verdienen – du musst dich nur dafür öffnen, und die Tür, das Tor, der unendliche Vorrat stehen dir jederzeit frei!

1 7

Sie wippt und ist leer, sie richtet sich auf uns aus. Zu einem neuen Rhythmus hat sie gefunden, lässt uns immer mehr ein in ihr Herz! So geht nun vonstatten, was sich vollziehen muss, das wache Sein hinzu auf sich selbst!

In die Welt der Begierden wollen wir nun eintauchen, und wir wissen, die Schülerin wird von allerlei solcher geplagt, immer wieder eröffnet sich ihr ein neuer Wunsch, ein alter Wunsch bekommt neue Farbe, möchten wir sagen. Denn der älteste Wunsche, der allen anderen zugrunde liegt, ist die Verschmelzung mit dem Vater. Nur ihm einzig allein dienen wir mit unserer Liebe, nur dieser eine Wunsch ist es wert, ihn zu verfolgen! Und mit „wert" meinen wir den ewigen Wert, denn alles andere ist vergänglich. Nur unsere Liebe packen wir am Ende ein, nur sie fährt mit uns in den Himmel ein, sonst nichts!

Also wohlan, wieso das Wünschen, wieso das irdische Streben nach mehr? Nun denn, alle Wünsche und Bedürfnisse im Außen streben nach Hingabe, streben danach, verwirklicht zu werden, streben danach, ihre volle Entfaltung sehen zu wollen. Sie streben danach, realisiert zu werden, ganz real, jetzt hier, in dieser Welt!

Und dafür sind sie gut, eure Wünsche, auf dass sie eurem Streben einen Gegenstand geben, auf dass sie euch beschäftigen, auf dass ihr euch mit eurer eigenen Macht beschäftigt, dessen, was anzuziehen ihr imstande seid.

Ihr verleiht euch selbst Macht, indem ihr euch euren eigenen Wünschen fügt, doch nur so lange, als sie euch nicht besitzen! Denn sobald sie euch besitzen, ihr euch dem Wunsch und Wünschen fügt statt euch selbst, eurer Liebe, eurem wachen Sein, sodenn hätte der Wunsch die Oberhand gewonnen, die er niemals kriegen sollte. Ihr müsst wach sein, wach bleiben, wenn ihr wünscht! Nur dann ist es ein effektives Wünschen! Nur dann seid ihr wirklich frei!

Wenn ihr wisst, dass dem Wunsch schon zugestimmt, dass ihm schon entsprochen wurde, dass er bereits auf dem Weg zu euch ist, ohne jeden Zweifel, ohne Gedanken an Mangel, ja dann können euch eure Wünsche dienlich sein! Denn dann wisst ihr um eure Macht, die sie in die Entstehung gebracht hat. Dann seid ihr in Dankbarkeit für eure Schöpfergabe, dann seid ihr eins mit der Schöpfung, die ihr als Abbild eurer selbst, eurer Seinsqualität jetzt in diesem Moment erschaffen habt.

Doch nehmt das Wünschen nicht auf die leichte Schulter. Schnell kann es gehen, und es besitzet euch! Schnell kann es gehen, und ihr denkt an nichts anderes mehr. Ihr fühlt den Mangel, der ohne das Erwünschte, Erschaffene vorzuherrschen scheint! Und wenn ihr euch diesem Mangel widmet, diesem Nichtsein, dann zieht ihr ebendieses an!

Betreibt ihr das Wünschen,
den wunschlosen Wunsch
mit größter Hingabe, so ist er euch.
Betreibt ihr aber den Mangel
mit größter Hingabe,
so ist dieser ebenfalls euch,

er ist eure Schöpfung, ihr bejaht ihn jedes Mal, wenn ihr ihm durch euren Fokus Präsenz verleiht.

So nun, was wünschest du? Dein weisester und wachster Wunsch sollte sein, wach zu sein, da dann alle Illusionen verfallen. Da dann jeglicher Wunsch IST, da ihr ihn zweifelsfrei, ohne jede Absicht zu euch zieht. Doch verzehrt es euch danach, ihn zu besitzen, so sollt ihr ebendies bekommen, das Verzehren, nicht den Gegenstand, vermeintlichen Gegenstand eures Wunsches.

Dem sei nun genug gesagt, und wir wollen uns auf den Wunsch, das Ziel, unser aller Ziel und Bedürfnis der Selbstbefreiung konzentrieren. Denn dies ist der einzig fromme Wunsch. Er einzig ist so rein, weil er weiß, dass er gewünscht werden muss, dass das Ziel unaufhebbar dieses einzige Ziel ist, das in jeglicher Inkarnation auf euch warten kann.

Nur das wache Sein und Entstehen,
nur die Realisation des großen Ganzen,
während ihr im Kleinen
des großen Ganzen wohnt,
ja dies ist auf immer
euer sehnlichster Wunsch,
und ihn, nur ihn zu erfüllen
sind wir hier.

Hierbei wollen wir euch unterstützen, denn wir sagten schon einmal, es ist Selbstzweck, was entsteht. Wenn die Erde aufgeht, in ihrer wahren Pracht und Schönheit aufgeht, so wie ihr in eurer wahren Pracht und Schönheit aufgeht, so habt ihr bestenfalls all eure Themen, die größten Baustellen abgearbeitet. Ihr habt so viel Bewusstsein erreicht, dass ihr diesen Anlass wahrlich feiern und fühlen könnt!

Ihr seid so sehr im Fühlen, in der Dankbarkeit in diesem Moment, sodass wir ihn euch möglichst rein gestalten wollen. Wollen, dass ihr nicht abgelenkt seid von allerlei Altlasten, die die Erfahrung schmälern, die das Sein verwässern, die den Fokus auf das Alte richten, das nicht mehr ist.

Und zu diesem Nichtsein des Alten wollen wir euch führen. Noch ist es so aktiv in euch wie ein schlummernder, grummelnder Vulkan. Manchmal spürt ihr es, manchmal vernehmt ihr es laut und deutlich, doch die Eruption kommt nicht immer voll zum Tragen – aber die Angst bleibt.

Unterbewusst schürt die Angst euch jeden Tag, dass jemand euer Geheimnis finden könnte, dass in euch nicht alles so rein und friedlich ist, wie es den Anschein haben mag, den Anschein, auf den ihr euch viele Stunde, Tage, Wochen und Jahre fokussiert habt, auf dass niemand merken könnte, wie schlecht es euch eigentlich geht. Wie unzufrieden ihr mit der Gesamtsituation, mit diesem oder jenem Aspekt euers Seins, euers von euch erschaffenen Seins in diesem Leben seid!

Niemand soll dies merken, am wenigsten ihr selbst. Ihr zieht die Sonnenbrille sogar auf, wenn ihr in den Spiegel schaut, so weit ist es gekommen. Aber wenn du nicht ehrlich vor und mit dir selbst bist, wenn du nicht mal zugeben kannst, dass noch etwas in dir brodelt, dass du nicht jeden Tag vollkommen gelassen und guter Dinge, egal ob der Umstände deinen Weg ziehst, wenn du dies nicht mal vor dir selbst zugeben kannst, wie kannst du dich dann jemals ehrlich voll und ganz einem anderen Menschen hingeben?

Wie kannst du jemals vertrauen, wenn du dir selbst nicht vertraust? Du vermutest den Vulkan doch auch in jedem anderen, und so tanzt ihr umeinander herum, versucht eure Knöpfe nicht zu drücken, versucht schön die dunkle Decke über dem zu belassen, was doch offensichtlich ans Licht drängen will! Was doch offensichtlich angeschaut und aufgelöst werden will!

Wenn all dies nicht wäre, bräuchte es keine dunklen Decken, mit denen wir verheimlichen, übertünchen, was in uns tobt! Wenn wir alle deckenlos wären, wenn jeder frei wäre, frei von seinen Themen, seiner Scham, seiner Angst, ja dann kann wahre Freiheit entstehen, dann kann wahres Miteinander entstehen! Denn dann haben wir keine Angst mehr vor Verletzung. Dann haben wir keine Angst mehr vor dem Alten! Denn mit der letzten Decke, die wir heben, sehen wir das Licht selbst. Wir sehen unsere Angst vor der Angst, wir entheben sie jeglicher Macht – und erneut sagen wir: Nun endlich erhält die Liebe Einzug!

Die Liebe ist unser stärkster Schutz, mit ihr fühlen wir uns in unserer Macht, die wir sind. Und wenn wir uns machtvoll UND gelassen fühlen, was gibt es da am anderen nicht zu mögen? Wenn jeglicher Zweck dahin ist, dass wir mit der Konfrontation des anderen aufgeweckt werden sollen, weil wir schon wach sind, womit will das andere kommen, das uns erschüttert? Richtig, dies ist nicht möglich! Das ist es, worauf schon die vielen großen Weisen hinwiesen –

---

eure Freiheit kommt aus euch selbst!
Habt ihr diese gefunden,
so gibt es nichts mehr zu finden,
so habt ihr alles erfahren,
was es zu erfahren gibt!

Alles Weitere ist Bonus! So enthebt euch eurem Dienst, und erhebt euch, findet euch in die Liebe, die ihr seid!

Wohlan, Lichtgeschwister, wohlan!

1 8

Das Befreite Selbst möchte nun sprechen. Gewähren wir ihm diesen Moment.

So sei es, geliebte Schwester, so sei es! Dein Wunsch ist uns Befehl, erheben möchten wir uns in jedem Einzelnen von euch! Wir wurden gerufen, ich wurde gerufen, mein Aspekt von mir in uns allen. Wir sind dem Ruf gefolgt und wollen uns ergeben, wollen uns zeigen, wollen euch hinweisen auf das, was entstehen kann. Denn eine Perspektive kann die Schülerin noch nicht einnehmen, das ist die der vollständigen Befreiung! Einen großen Schritt hat sie getan, viele Sprünge gemacht, und zumeist ist sie frei von ihren größten Themen. Aber noch ist ein Restbestand da, noch ist sie nicht dauerhaft und vollends wach. So wollen wir uns ihrer nun als Gefäß bedienen, die wahre Perspektive, die reine Perspektive des aufgestiegenen Lichtes zu zeigen, euch begreiflich zu machen, was nicht zu begreifen ist außer durch die direkte Erfahrung.

Doch wollen wir sagen, wir sind in jedem von euch, bereits jetzt. Wir liegen dort vergraben und warten darauf, geborgen zu werden. Wir warten darauf, dass ihr uns seht, dass ihr eure Freiheit selbst seht, dass ihr sie beansprucht, annehmt und in ihr aufgeht.

Das ist unser einziger Wunsch,
dass ihr euch trennen mögt von dem,
was euch im Weg steht,
dass ihr aufgehen mögt
in unendlicher Glückseligkeit,
dass ihr euch alle erhebt, alle ausnahmslos.
Dass ihr in eure Blüte, eure Mitte,
euer schönstes Licht findet!
Dies ist unser seligster Wunsch!

Wir werden euch dort treffen, wir warten auf der anderen Seite der Mauer, während ihr sie abtastet und erkundet. Während ihr vorgelagerte Strukturen und Balken entfernt, um einzig des Blickes auf das letzte Mosaik habhaft zu werden, das sich löst, vollständig löst und ablöst von der Mauer, die nicht ist. Denn wir blicken wahrlich nicht durch Steine, wir sehen euch klar und deutlich vor uns stehen. Nichts ist da, was uns trennt, ihr werdet mit offenen Armen erwartet.

Niemand richtet, niemand verwehrt euch den Einlass, ihr seid da und willkommen. Es geht nur um die letzte Realisation, das Wirken des Gedankens, das wahrhafte Annehmen des Fakts, der Möglichkeit, dass wir da sind, dass eure Selbstbefreiung wartet, dass sie bereits ist und nicht erst entstehen muss. Ihr müsst sie nur freischaufeln, auf dass ihr dann seht, was das Licht ist, und wünscht im Licht des Lichtes zu leuchten für euch und mit euch!

Euer Selbst, Befreites Selbst,
wartet hier auf euch!
Es hat immer schon gewartet
und wird immer hier warten,
so durchschreitet das Tor,
werdet euch des Tores bewusst,
das die Mauer ist,
und ihr werdet Eingang finden.

Wir nehmen erneut die Schülerin als Beispiel. Viele Mauern, die die eine Mauer umgeben, hat sie abgerissen. Sie hat sich mit ihren eigenen Ängsten konfrontiert, mehr als einmal. Sie hat ihnen mit wachem, bloßem Auge ins Gesicht gestarrt. Sie hat das kleine Mädchen hinter der Angst gesehen, das sie einst war. Sie hat die junge Frau hinter der Angst gesehen, die sie einst war, und sie hat mit ihnen Frieden geschlossen, sie hat mit ihnen ihre Freiheit erkämpft! Sie hat an ihrer Seite gefochten und sich hingegeben, sie endlich zu lieben und vollständig anzunehmen.

Denn ihre größte Schwäche, ihre Selbstverurteilung für alles, was sie nicht ist, ihrer Meinung lang lange nicht war, dafür hat sie sich selbst gehasst. Dafür, dass ihr viele Türen verschlossen blieben, weil sie so ist, wie sie ist. Manchmal launisch, immer spöttisch, immer nach dem Höchsten strebend, verwirkend alles andere, was ihr getan.

Oft hat sie sich gehasst für ihren mangelnden Intellekt, der eben doch nicht ALLES lösen kann, wenn auch beinahe. Doch für dieses „beinahe" hat sie ihn gehasst, hat sie sich gehasst. Eben doch nicht ALLES war lösbar, schien lösbar! Als wäre ihr das eine persönliche Last, als würden alle Erwartungen der Welt auf ihren Schultern liegen, immer alles lösen zu können, immer alles zu erkennen, zu wissen. Diesen Drang hat sie sich selbst angeeignet durch positive Verstärkung. Und doch ist sie noch einem anderen Drang erlegen, dem sich kleinzumachen – was für eine toxische Kombination!

Sie wusste um ihr Licht, wusste IMMER um ihr Licht, auch wenn sie dies vehement bestreitet. Doch sie wurde verlacht, verschnitten, Hass wurde ihr zuteil und Täuschung wie auch Enttäuschung.

Viele Menschen nahmen ihr krumm, wie sie war. Immer mehr sehend, mehr wissend, mehr ahnend, in ihr selbst, um sie selbst wie auch um andere Menschen. Sie sah ihre Verzweiflung, die die anderen so gut zu verstecken suchten. Sie sah, dass sie gesehen, erahnt wird, und dies den anderen verschreckte.

So versuchte sie sich ein dunkles Mäntelchen überzulegen, auf dass fortan keiner mehr ihr Licht sehe. Ganz sicher entgehst du so dem Licht, so entgehst du aber auch dem Leben! Die Schülerin hat dieses Mäntelchen, diese Sammlung von Mänteln und Betondecken lange getragen – aber nun trägt sie eine Schicht nach der anderen ab, bis sie vollends in ihrem Lichte strahlen wird.

Dieses Buch zu schreiben ist für sie ein großer Schritt, der größte, wollen wir sagen, ihn in die Öffentlichkeit zu bringen, was schon bald, wenige Wochen von hieran, passieren wird. Sie wird gefunden und gehört werden, und sie wird sich selbst in ihrem „So bin ich" zeigen.

Es wird phasenweise vonstattengehen, und ihr ist alle Unterstützung und Liebe mitgetan auf diesem Wege! Doch noch eine Eigenart ist ihr sinnig – sie will es selbst schaffen! Sie weiß, ahnt um ihre innere Stärke, auch wenn sie dies nicht zugeben möchte! Sie möchte sich EINMAL in dieser Stärke erleben! Sie weiß, dies ist ihre größte Hürde, ihr Glaube und Nichtglaube an ihre eigene Stärke, manchmal erschrickt sie vor ihrer Macht, wenn sie ihr Licht vollends zulässt!

Wir teilen dies mit euch, weil es euch ähnlich gehen mag! Das Licht mag manchmal erschreckend wirken, insbesondere wenn wir uns allzu lange von ihm abgeschnitten haben, es nicht sehen wollten. Wenn wir dann realisieren, dass wir nicht vom Licht getrennt sind, sondern das Licht in uns wohnt, das Licht WIR SIND, dann, ja dann ist noch mal eine andere Reise aufgetan! Die Schülerin distanziert sich nicht vom Licht, sie weiß um das Licht, das wir sind, sie sieht das Licht, die Erleuchtung, sie sieht all dies um sie herum, doch der tiefste Blick in sie selbst, wo sie sich des Lichtes vollends gewahr würde, den traut sie sich nicht immer zu.

Wir verstecken es nicht, und sie weiß, es ist da, und eines Tages wird sie es vollends erblicken – so wie ihr es vollends erblicken werdet, wenn ihr nur den Blick nach innen wendet.

Kehrt euer Innerstes nach außen.
Haltet ins Licht,
was im Lichte aufgehen will!
Befreit euch selbst von eurer Last,
die euch gesetzt ist!

Auf geht es, voran, liebe Kinder, Schüler, voran! Wir sehen euch im Lichte, das ihr seid!

Euer wahres, schönstes Gewand wartet noch auf euch! Euer Selbstausdruck wartet noch auf euch! Euer Licht, volles Licht, volle Fahrt warten noch auf euch!

Worauf wartet IHR? Was hält euch davon ab, eure wahre Freiheit zu leben?

Was hält euch davon ab,
in den Spiegel zu schauen,
durch den Torweg der Seele zu blicken
und sie vollends zu berufen?

Worauf genau wartet ihr?

Ihr wartet darauf, dass die Angst vergeht! Ihr wartet auf den Moment, in dem keine Ablenkung ist. So ist es nicht verwunderlich, dass wir uns so allerlei Krankheiten erschaffen, auf dass wir ans Bett gefesselt sind, Kontakte sich vermindern und wir endlich in Kontakt kommen mit der Institution in unserem Inneren, die wir immer ignorieren, verneinen, nicht sehen – nicht sehen wollen!

Denn der Blick hierher könnte schmerzhaft werden, wenn wir sehen, wie sehr wir uns an uns selbst vergangen haben, an unserer Wahrheit, die wir verraten haben mit jedem Mal, da wir uns für Unsinn und Lüge entschieden. Als wir „ja" sagten, aber „nein" meinten. Da unser Herz hell und leicht werden wollte und wir uns für die Decke entschieden haben, die die Dunkelheit, die Trübsal bescherte.

Wie oft versuchten wir uns aufzuheitern, uns hochzuziehen, doch das verhöhnte Herz strahlte nicht mehr, seiner Kraft hatten wir es vorübergehend beraubt!

Wollen wir nicht doch auf das Licht hören, es sehen, es annehmen? Es will uns so sehr den Weg leuchten, es wird dies aber nur mit unserer Erlaubnis, unserer vollen Bejahung und Bereitschaft tun. Wollen wir endlich den Weg gehen, der sich so vollends lohnt? Wollen wir endlich anschauen, was angeschaut werden will, auf dass wir loslassen können, was nicht mehr unseres ist? Wollen wir das?

Überlegt euch dies gut, denn von hieran geht es nur noch voran, nur noch in eine Richtung. Ist das Herz erst mal erwacht, ist das Ziel klar – sonnenklar! Willst du das …? Ja?

Immer wenn du die Frage nach dem „wie" stellst, wisse, du bist nicht wach. Erinnere dich selbst daran, wach zu sein, und du wirst die Frage nicht mehr stellen.

Konzentriere dich einfach darauf,
wach zu sein, und wenn du es nicht bist
und Themen dich wälzen,
nicht von dir ablassen, so gehe dem nach.
Schaue an, was angeschaut werden will –
aber mit klarem Blick und klaren Verstandes.

Wenn du immer und immer wieder über dieselben Themen, dieselben Möglichkeiten grübelst, so wird sich dir keine neue Perspektive erschließen. Gehe in deinen Herzraum und betrachte die Dinge mit wachem Herzen, mit einem Mehr an Energie und die Lösung wird langsam klarer.

Hilfe zeichnet sich ab – und wenn dies nur bedeutet, mit einem gelasseneren Blick auf die Dinge zu schauen, wenn sie dem Wälzen nur den Stachel ziehen, sodenn ist doch schon viel getan!

Widme dich deiner eigenen Befreiung,
so wie du dich
deiner Berufung widmest!
Denn sie ist dasselbe.

2 0

Geliebte Schülerin, es spricht zu dir Sanat Kumara. Lasse mich dir bei deiner Aufrichtung behilflich sein, lasse mich dich erinnern an dein wahres Licht! An deine wahre Natur, deine wahre Seele! Lasse mich an deiner Seite sein, während du durch diesen Prozess der Veränderung gehst.

Sogleich spürst du die Wärme der Sonne auf deinem Kopf, deinen Schultern, deinem Nacken, verbeuge dich vor ihr! Wir alle lieben es und danken dem Licht! Der letzte Zweifel, die letzte Angst dürfen gehen, dies weißt du doch. Wieso sich an ihr festhalten?

Vielen von euch mag es so gehen, dass ihr euch unbewusst oder bewusst an alten Mustern, alten Ängsten festhaltet, denn sie scheinen euch Sicherheit zu geben, Stabilität, ihr kennt sie, ihr wisst, was sie euch bringen. So schwer dies auch zu glauben scheint, so geben sie euch doch etwas anderes – sie geben euch Gewissheit! Sie geben euch einen klaren Fokus im Jetzt – und mit ihm vermeidet ihr die Unsicherheit! Das Überraschende! Das Unbekannte.

*Jedes Mal, da ihr euch
in eine Gewohnheit,
in eine Unsicherheit,
in eine Angst flüchtet,
ist dies eine Rückzugsreaktion
vor dem Unbekannten.*

Viel habt ihr darüber gehört, immer klang es bedrohlich, es hat euer System in Aufruhr gebracht nur daran zu denken, was alles sein, was alles passieren könnte. Und so entscheidet ihr euch für die Angst, denn in ihr scheint die Sicherheit, die Vorsicht zu wohnen. Doch diese sind nicht das Gleiche, sind nicht wechselseitig austauschbar!

Ihr würdet gut daran tun, eure Angst immer mal wieder testweise abzulegen. Einfach mal schauen, was passiert, und sich auf das Leben einlassen! Ihr werdet sehen, so schlimm wird es nicht werden! Es wird euch sicher überraschen, wenn einfach mal gar nichts passiert. Wenn einfach Frieden herrscht – oder am Ende noch etwas Gutes! Schneidet euch nicht vom Leben ab, habt Teil, in aller Offenheit!

*Seid so offen, wie ihr könnt,
denn wie wollt ihr
das Schöne, Gute annehmen,
wenn eure Arme schon voll sind,
weil sie sich verzweifelt
an die Angst klammern
und sie überall mit hinschleppen,
wohin sie auch gehen?*

Wie wollt ihr das Schöne und Gute umarmen und aufnehmen in euer Herz, wenn ihr selbst nur über eine Mauer blickt, die ihr auf keinen Fall durchqueren wollt? Das Tor ist da, doch ihr verschließt euch!

2 1

Und so schreiten wir erneut beherzt voran, eine neue Sitzung ist eingeleitet. Endlich versteht die Schülerin, dass sie sich dessen nicht verwehren muss, was sie selbst möchte, und ins Entstehen vermag zu bringen! Sie entschied sich für den Garten, für das Draußen – und doch auch für ihr Sein mit uns.
Entspannt sitzt sie nun am Tisch, viel entspannter als zuvor, da sie nun den Blick über ihre geliebten Blumen und Pflanzen lenken darf.

Noch ruht ihr Augenmerk nicht auf ihrer Essenz, sie sieht die Blüten, die Formen, die Unwegsamkeiten, das Verwachsene. Noch sieht sie nicht primär die Üppigkeit, das Austreiben nach dem langen Winter – noch sieht sie nicht primär die Schönheit, aber doch verspürt sie sie! Sie merkt, sie kommt mehr zur Ruhe, ihr wohnt eine andere Freude inne als noch vor einigen Minuten, beschwingt, beflissentlich tippt sie nun erneut in die Tasten, doch fühlt sie sich weniger in den Dienst gestellt als den Dienst in Einklang mit ihrem Leben, ihrem „So bin ich" gefunden und gewählt zu haben!

Ist dies nicht eine spannende Reise, wenn wir immer mehr und aufs Neue entdecken, dass Dinge, die wir nicht für kombinierbar hielten, es doch SIND? Dass wir tatsächlich wir selbst sein dürfen und das tun dürfen, was wir wollen, was uns tatsächlich sinnig scheint – also wonach uns der SINN, die SINNE stehen! Wonach unser Herz ruft!

Ja, es ruft sie zum Schreiben, doch oft sieht sie es als Verpflichtung, als ein Nicht-ablehnen-Wollen, als Teil eines größeren Dienstes, den sie hier nun mal zu leisten hat – so sagt sie es sich zuweilen selbst!

Doch die aufrichtige Hingabe,
das Es-einfach-fließen-Lassen,
so wie sie ist, so wie wir sind,
das ist unser schönstes Buch!
Das ist unser schönstes Kunstwerk,
das ist unser schönstes Sein!

Das weiß sie selbst ganz gut, bedächtig lächelt sie, hält inne mit ihrem Herzen, wo sie doch weiß, dass wir es nur gut mit ihr meinen, wie mit euch allen. Vermehrt öffnen kann sie sich nun und durchlassen, was sich ausdrücken will. Ihr wird nicht schwer ums Herz wie sonst, wenn sie merkt, ihre Heimat, ihr tiefstes Sein will zu ihr durchdringen. Sie nimmt dies nun an, denn sie weiß, sie ist in ihrer Mitte, wir sind an ihrer Seite, und wir wollen ihr den Moment so leicht wie möglich machen.

Eine tiefgreifende ähnliche Energie spürt sie, das Verlangen nach Ausdruck, nach Umwälzung, nach Transformation spürt sie, in ihren Muskeln, in jeder Zelle ihres Körpers. Sie alle schreien nach Transformation, wollen mehr Licht halten. Und nun endlich akzeptiert sie diese Option ein wenig mehr, öffnet sich nochmals auf einer anderen Ebene, atmet den Duft der Blumen ein, des Frühlings, der sich ihr nun heute in dieser Stunde von seiner schönsten Seite zeigt.

„Okay, so ist es!", sagt sie sich, und das ist gut so! Wir werden es bei Gelegenheit entstehen lassen, in einer unserer Heilsitzungen. Doch nun geht es um die Worte des Kollektivs, die sich in ihr Platz machen, beiseite tritt sie nun für Anubis, ihren Bruder, Lehrer und geliebten Freund an ihrer Seite.

Die brüderliche Schwingung vernimmt sie wohl, der große Bruder tätschelt ihr die Schulter, ist an ihrer Seite, weiß um und erinnert sie an ihre Kraft, die ihr innewohnt und die sie hier auf Erden wohl vergessen hat. Nur selten, in einzelnen Momenten erinnert sie sich ihrer, erlaubt sich, sich ihrer zu bedienen, und lässt wirken und entstehen, was zur Bestimmung, zu Entfaltung gefunden hat.

Dem Erdreich hat sie sich entwunden und lässt nun vielerlei Kreationen entstehen, lässt ihre Sinne tragen von Ungesehenem, Erfühltem, das zur Erfüllung verlangt! Es drängt sich ihr förmlich auf, lässt nicht ab von ihr, weiß es doch innerlich darum, wie es um sie, ihr Sein, ihr „So bin ich" bestellt ist. So vielen bestellt ist.

Sie ist hier erneut nur Spiegel des allgemeinen Erwachsungszustandes so vieler von euch, die sich auf den Weg begeben, auf den Weg gemacht haben vor langer Zeit in der raum- und zeitlosen Dimension, um sich dem Abenteuer Leben hinzugeben. Hier seid ihr, auf dass verbracht werden und vorbereitet werden möge, was im Entstehen begriffen ist – die Bewegung des Allganzen hinzu auf euch selbst, auf eure Menschheit als Ganzes, auf jeden Einzelnen von euch im Persönlichen.

Wir wissen, die Schülerin hält sich nun beflissen, sich von ihrer Umgebung nicht einnehmen zu lassen, sie richtet sich erneut aus, bleibt offen, bleibt leicht, und so können wir gut zu ihr durchdringen. Wir sind an ihrer Seite wie auch in ihrem Herzen, und dort machen wir uns genüsslich breit.

Schon so manches Mal hat sie Elemente von uns aufgeschnappt, hat das Gefieder erblickt, Symbole, Augen, Blicke, Berührungen gesehen, meist mit dem sanften ihrem Herzen innewohnenden Strahl der allumfassenden Liebe. Sie lässt uns sein, wie wir sind.

Die Details sind ihr nicht wichtig, allein der Schwingung der Liebe und Hingabe vertraut sie. Ihr allein stellt sie anheim, dass sie weise und richtig ist, nicht uns als einem Kollektiv oder einem Einzelaspekt unseres gemeinsamen Seins in Gott.

Sie vertraut nicht uns,
sie vertraut dem uns innewohnenden Kern,
dem göttlichen Aspekt
unseres gesamten Seins,
der sich ihr immer wieder zeigt,
doch nicht so benennt.

Sie weiß, sie spürt kein Ego mehr an uns, wir sind ein offenes Buch für sie, sind komplett transparent in unseren Bemühungen und Bestrebungen. Es gibt keine weitere Agenda außer der, die ist und die da in Liebe entstehen lässt, was die Liebe befehligt, erwünscht und erdrängt.

Sich selbst erfahren will die Liebe,
dies ist ihr einziger Wunsch.

Und dabei bedient sie sich unserer selbst sowie der Schülerin und auch euch! Sie erfährt sich selbst durch unser aller gemeinsames Sein, das Sein der Einzelaspekte wie auch des allgemeinen, großen Ganzen, des erlebbaren Kollektivs und Einsseins.

Wir wissen, wir überfordern die Schülerin ein wenig mit der Tiefe und Dauer dieser speziellen Durchsage, doch erneut richtet sie sich aus, hält sich distanziert von den Worten, die gesagt werden, die aus ihrer Feder quellen, und lässt einfach durch, was gesagt, gesprochen, gehört werden will.

Sie weiß, dies ist auf so vielen Ebenen dienlich, sie vertraut, dass genau die richtigen Worte durchkommen, die so vielen bei ihrem wachen Entstehen helfen werden.

Gedrungen, unter Druck war der erste Teil dieses Buches, unter anderem bestimmt von ihrer Erwartungshaltung, neu zu sein in diesem Unterfangen, zu wissen, dass das, was geschrieben werden wird, über ihren Horizont hinausreicht, dass viele dies lesen werden und sie sich dabei selbst auch sichtbar macht.

Dies alles hat den ersten Teil des Buches doch mit beeinflusst wie auch die bekannte Erwartungshaltung all derer, die dieses Buch nun in den Händen halten, darauf gewartet haben, danach gedürstet haben und endlich lesen und in Erfüllung begriffen sehen, was sie sich selbst sehnlich wünschen!

Ein anderer Strom, eine andere Qualität schlägt sich nun nieder in dem zweiten Teil, der ab nun beginnen soll und dessen erstes Kapitel unsere hiesige unter 21 vermerkte Durchgabe darstellen wird.

Wir freuen uns aufs Äußerste, dass ihr nach wie vor an unsrer Seite seid, euch ebenfalls beflissentlich zeigt, unsere Worte zu vernehmen, die der Liebe, die durch diese Worte spricht und Einzug erhalten wird in euer Herz.

Es mag sich nur langsam öffnen, und doch, es öffnet sich! Allein darum geht es, dass die Liebe Einlass erhält und ihr der Einzug gewährt wird. Die Bedingungen stellt ihr. Die Qualität der Erfüllung stellt ihr.

Die Liebe ergießt sich
einfach nur in euer Gefäß,
auf dass ihr sie gewähren lasst
und entstehen lasst, was ihr euch SELBST
so sehnlich wünscht: das Leben
aus der Qualität des Herzens heraus,
das Leben in eurem „So bin ich",
das Leben in aller Einfachheit
und Bescheidenheit,
die sich aus eurem Sein,
eurem überpersönlichen Sein ergibt.

Die Dankbarkeit quillt hervor aus der Mitte eurer Brust, werdet ihr euch dessen gewahr, dass was entsteht, tatsächlich Selbstzweck ist – nicht unserer – eurer! Eines jeden Einzelnen von euch! Ein jeder sei aufgerufen, dem Ruf seines Herzens, seines Wesens, seines ganzen Seins zu folgen und sich aufzumachen. Aufzumachen auf den Weg, sein eigenes, tiefstes Sein zu ergründen, sein „So bin ich" zu verstehen, zu akzeptieren, zu bejahen und zu leben! Ja, so ist es!

Es ist uns angetan, euch bei EURER Entfaltung zu helfen, zu unterstützen! Bei EURER Aufrichtung im Jetzt, bei der Aufrichtung entlang EURES eigenen Seins, nicht einer von außen vorgegebenen Idee, Institution oder irgendeines Rollenbilds, mit dem ihr euch sonst seither, seit je identifiziert habt.

Lasst all dies beiseite. Führt eure Rollen aus, so sie euch denn eigen sind, so sie zu euch passen, so ihr sie vernehmen wollt! Ergebt euch dem voll und ganz, was euch ERFÜLLT!

Und für jene von euch – was die meisten sein dürften –, die noch nicht wissen, was sie erfüllt, wie sich Erfüllung überhaupt anfühlt, was sie von sich und dem Leben wollen und erwarten, nun, denen sei gesagt – macht euch auf die Suche in eurem Inneren! Dort liegen Schätze begraben, die geborgen, die gelebt werden wollen! Sie sind wahrlich reichlich!

Sie sind leicht zu finden, so ihr denn aufrichtig nachseht! Sie werden euch überraschen, sie werden euch helfen, auf dem Weg eurer Erfüllung, eurer Dankbarkeit, eures Einsseins mit dem Leben voranzuschreiten!

Ihr werdet unser Wohlwollen erkennen, so ihr denn eure eigenen Schätze gehoben habt. Ihr werdet verstehen, dass wir in Liebe gekommen sind, auch wenn ihr unser Konstrukt nicht greifen könnt, nicht einordnen könnt, nicht mit dem Kopf versteht. Die Liebe, meine Freunde, die Liebe kann niemals mit dem Kopf begriffen werden, sie allein erhält hier Ausdruck, hält Einzug in euer Leben.

Ihr merkt, ihr seht,
keine Regeln geben wir euch vor.

Kein „tut dies nicht, macht das nicht". Keinerlei Drohungen oder Repressionen hört ihr von uns – und werdet sie nie hören. Allein in EUER waches Sein wollen wir euch berufen, euch erinnern an das, was in euch schlummert, auf dass ihr es selbst bergen könnt, beherzt euren Weg gehen könnt und Frieden findet in eurem alltäglichen Sein, in der Erfüllung eures Seins! Allein darum sind wir hier!

Wir wurden gesandt vom großen Konzil und es überwacht unseren Fortschritt, ein wichtiges, ein kleines, aber feines Projekt haben wir hier, und wir sind froh und dankbar über jedes offene Ohr, über jedes offene Herz, über jeden, der sich in Freude seinem persönlichen Weg ergibt.

Wohlan, liebe Freunde, fragt ruhig, klärt in euch, wo ihr hingehen wollt – und so ihr denn Unterstützung auf dem Weg eures Herzens wünscht, so seid euch gewiss, derer gibt es mannigfaltig! Ein jeder von euch wird begleitet von seinem Team des Lichts, so viele weise Lehrer gibt es in unseren Welten, die darauf brennen, mit euch zu arbeiten, mit euch zu sein, in Freude zu sein und ihre Weisheit, ihre Impulse mit euch zu teilen, so wie wir dies mit der Schülerin tun nun schon seit geraumer Zeit. Gebt euch selbst die Möglichkeit, euch zu entwickeln – aus euren Umständen, euren Verwickelungen heraus zu entwickeln, und seid frohen Mutes, denn ein wundervoller, ein weiser Weg hat sich euch aufgetan, wenn ihr der Stimme eures Herzens folgt!

Wohlan, Melia, wohlan, wir überlassen die Schüler nun in deine Hände, wissentlich, dass du unsere Weisheit verbreiten wirst und ihnen bei ihrer Selbstaufrichtung, Selbstheilung und -entfaltung zur Seite stehen wirst. Heilsessions sind hierbei nur einer der Wege, und dies weißt du zur Genüge.

Immer neue Methoden, abgestimmt auf jeden Einzelnen von euch, auf jedes Herz, werden wir dir durchgeben, in Büchern wie auch in jedem Moment deiner praktischen Arbeit, deines Seins im Herzen für uns mit diesen Wesen, die sich deiner anvertrauen, die begierig sind zu lernen, die FREI in ihrem Denken sind, die offen sind gegenüber einer neuen Dimension, die sich nun erkenntlich zeigt, erkennbar macht, was gelernt werden kann und darf, was euch dienlich ist, euch allen dienlich ist auf eurem Wege.

Dies werden universelle Wahrheiten sein, und hin und wieder werden wir uns auch deiner beflissentlich zeigen, dich geleiten zu neuen Sphären, auf neue Ebenen deines Seins voranzudringen, sodass du selbst erforschen kannst, wohin andere noch gehen werden, die dir folgen.

Du wirst auf Entdeckungsreise gehen und fortan dein Reisetagebuch mit der Welt teilen.

Denn so vielen wird geholfen sein bei einer solch abstrakten, ungewöhnlichen Unternehmung, wenn einst trittsicherer Grund hergestellt wurde, wenn einer vor euch den Weg gegangen ist und sagt – er ist sicher. Ich bin ihn gegangen, ich habe ihn gut ausgeleuchtet für euch. Nun folgt mir und ab dannen geht eurer eigenen Wege.

Stellt eure eigenen Erforschungen an.
Findet in euer eigenes Forschersein.
Erlebt es, erlebt es, erlebt es!

Wohlan, liebe Freunde, wohlan! Möge die Reise beginnen! Ein neuer Horizont tut sich auf, ein neuer Horizont …

2 2

Mit der Meisterzahl der 22 werden wir nun weitermachen. Meisterlichkeit ist ein wundervolles Geschenk, und doch ist es nicht, wonach sich so viele sehnen! Sie ist keine Überlegenheit, kein aufgetakeltes Sein, sie ist eine Reinheit und Klarheit, wie sie euch allen zugänglich ist, gelebt und entwickelt werden kann und euch irgendwann am Streckenabschnitt eurer Reise – einem jeden – gewährt wird.

und in Meisterlichkeit euch zu ergeben der einen ruhigen klaren Weisheit, der Reinheit eurer Gedanken, dem wachen Entstehen eures Herzens!

Ihr werdet selbst Zuschauer bei der Entstehung des Seins hinzu auf sich selbst sein, wie ihr auch wach und aktiv daran teilhaben werdet, wenn ihr euch für diesen Weg entscheidet.

Wir haben uns vor langer Zeit dafür entschieden, der Menschheit und anderen Dimensionen dienlich zu sein, auf dass sich die Liebe überall verkörpern möge, ins Sein gerate, gesehen und erwählt wird von jedem einzelnen Aspekt, den das Da-Sein, das So-Sein bieten.

Eure Individualität, ein jedes Ich, ein jedes Selbst lechzen danach, ihrer selbst, ihrem Sein Ausdruck zu verleihen. Sie verlangen förmlich danach, sich der Liebe zu bedienen, sie zu nutzen und sie strahlen zu lassen.

Vermessen ist es, wer denkt, sich der Liebe zu bedienen, ist ein schäbiges Spiel! Wieso sollte dies der Fall sein, so sich die Liebe doch frei entscheidet euch innezuwohnen, sich mit euch zu verbünden und den Weg mit euch gemeinsam in Aufrichtigkeit, in ihr selbst zu gehen? Wieso sollte sie es euch gestatten, sie in euren Raum aufzunehmen, wie auch sie euch in den ihren aufnimmt?

Wahrlich, ihr macht euch
nicht nur die Liebe nutzbar,
sie macht sich eurer nutzbar,
indem ihr sie durch euer waches Sein,
euer warmes weiches, offenes Herz
immer weiter verströmt,
bis alles in Liebe gehalten wird und ist,
in vollster Reinheit,
erfahrbar für jeden,
uns alle und jeden einzelnen Aspekt!

Wieso sollte die Liebe euch gewähren lassen, wenn ihr nicht selbst der Sinn danach stünde? Wieso sollte sie euch auffordern, durch uns auffordern, euch eurer selbst zu bemächtigen?

Wieso sollte sie sich vergraben halten, wo sie doch weiß, dass sie erst durch euch wahrhaft erlebbar wird in dieser Dimension, auf diesem Planeten, in diesem jetzigen Moment?

Richtig, dies ist nicht sinnig – wieso sollte es auch. Ihr wisst – und wisset forthin, ihr dürft euch der Liebe bedienen! Teilt die Liebe, stützt die Liebe, mehrt die Liebe und sie wird euer Begleiter sein. Ein schöneres Leben kann es nicht geben, als um die Liebe zu WISSEN! Also grabt, forscht, seid! Seid, seid, seid!

Meisterlichkeit bedeutet auch, Achtung vor sich selbst zu haben, und unter all den Aspekten von Meisterlichkeit, die wir nennen und wählen könnten, so scheint uns dies der wichtigste, denn oftmals fehlt euch die Achtung, fehlt euch die Ehrung dessen, wer ihr wirklich seid.

Oftmals fehlt es euch an Einsicht und Weitsicht zu verstehen, wie wichtig es ist, euch selbst voll und ganz zu akzeptieren, zu ehren und zu wahren! Eure Grenzen, gesetzt durch euer persönliches Wohlbefinden, eure Freude, euer „So bin ich" solltet ihr hüten wie einen Schatz! Sie halten euch in eurer Kraft, sie stärken eure Macht in eurem Herzen.

Eure Grenzen
sind keine willkürlich gesetzten Grenzen,
sie sind Aspekte, Siegel eines Buches,
das bei Bedarf, wenn es sich freigiebig zeigt,
gelesen werden darf
und sich in seinem schönsten Lichte zeigt.

Und doch darf es wählen, hier wählen, wem es sich zeigt, wem es sich offenbart, wem es sich unter welchen Voraussetzungen, auf welche Art, in welchem seiner Aspekte und Gewänder zeigt!

So wisset und seid weise, und zeigt euch in eurem schönsten Lichte dem, der dies nehmen kann. Der eure Siegel achtet, so wie er seine Siegel achtet. Der euch liebt, euer Licht liebt und euch dies zeigt durch seine eigene Verehrung und sein Sein mit eurem Sein verschmelzen lässt.

Doch seid weise und bedacht, nicht jeder ist bereit für euer Licht – projiziert nicht eure Erwartungen auf andere, die noch nicht in der Lage sind, euer Licht vollends zu sehen, zu akzeptieren und zu wahren! So manchen würdet ihr überfordern. So achtet dessen Grenzen, scheint euer Lichte so, wie es euch erträglich scheint. Zeigt es denen und erhellt ihren Weg, die bereit dafür sind, es zu nehmen.

Niemand muss bekehrt werden,
niemand muss auf einen Weg
gebracht werden.

Doch die, die auf dem Weg SIND, die, die um Hilfe bitten, die euch nach Unterstützung fragen, die sagen „ja, bitte leuchte meinen Weg aus, hilf mir, in mein eigenes Licht zu finden, auf dass ich mir selbst und anderen den Weg leuchten kann", ja, denen helft! Für die seid da! Für die scheint euer Licht!

Und den anderen lasst ihren Weg. Sie werden ins Licht finden – aber vielleicht tut ihnen ein anderes Licht gut, vielleicht muss es ein anderer scheinen, der ihnen ähnlicher ist, der ihre Energie kennt und halten kann. Jeder ist für sein Stück des Weges bestimmt, mit seiner Energie – und manchmal gibt es Ähnlichkeiten, Schwingungen, die sich ergänzen, und manchmal passt es auch einfach nicht, egal wie sehr wir es uns wünschen!

Ja, oft wollen wir helfen, doch helft denen, die danach fragen, und vertraut darauf, dass all jene, die nicht fragen, die aber der Hilfe bedürfen, Hilfe finden werden, so sie denn bereit sind sich zu öffnen zu dem Moment, in der Umgebung, bei den Menschen und Wesen, die gut und richtig für ihn und seine persönliche Reise sind. Niemand muss gerettet werden, niemand BEDARF eurer Hilfe!

Bedürftigkeit gibt es nicht
– bei der Fülle euers Herzens,
derer ihr alle habhaft seid!
Bedürftigkeit sieht einen Mangel,
die Liebe WEISS
um die Nichtbedürftigkeit!

Sie weiß um das wache Herz, das jedem innewohnt! Und sie weiß, dass jedem, der fragt, auch geantwortet wird – denn sie ist die Antwort, und sie ist immer da.

Sie wird die richtigen Menschen zu den richtigen Menschen und Partnern führen, die ihnen auf ihrem Weg zur Seite stehen! Dies ist eine unumstößliche Wahrheit.

Und auch dies ist ein Aspekt
von Meisterlichkeit
– die Siegel und Grenzen
des anderen zu wahren.
Ihn in seiner Verzweiflung
zu achten und zu ehren,
so er diese aufrechterhalten
und wahren möchte!

Wisse, dass du nicht gefragt wurdest zu helfen, bis du gefragt wurdest! Gestehe ihnen zu, in aller Aufrichtigkeit ihren Schmerz zu wahren, bis sie wissen, dass er ihnen nicht mehr dienlich ist, und sie Wege suchen, sich aus ihm zu befreien!

Dieser Akt der Befreiung ist der der Selbstbefreiung! Dies ist unermesslich wichtig, denn wessen Wissen ist es, das aus ihm sprechen und ihm Antrieb sein sollte? Doch sein eigenes! Seiner eigenen Suche, seiner eigenen Nase soll er vertrauen – und nicht deiner geliehenen! Du kannst ihm helfen, in das Wissen zu kommen, seine Ahnung zu stärken – doch warte auf die offene Tür. Sei bedächtig und weise und erlaube ihm erst anzuklopfen, bevor du öffnest. Und so ist es nicht deine Tür, sei wissend, dass er klopft, bis er Lösung gefunden hat! Dies sei so viel gesagt zu dieser Stund.

Dem Kapitel 23 wollen wir uns nun widmen, gemeinsam mit deinem Drachen, deinem Seelenfreund! Er blickt dich wahrlich an, von deinem Bilde vor dir, und er ist dir ein so treuer Freund und Begleiter! Noch nicht gut kennst du seine Energie, doch erlebst du diese nun mit dem Blick auf dieses Bilde, das du einst gemalt. Schüchtern, zurückhaltend schaut er dich an? Nun, wir möchten sagen, abwartend, erwartend, auf dass du die eine Liebe, die euch beiden innewohnt, erkennst und feierst, sie annimmst, golden annimmst, wie sein Herz und sein Wesen!

Ihr seid euch wahrlich ähnlich, zwei mächtige Kreaturen, die sich ihrer noch nicht vollends gewahr sind! Leuchten TUT ihr aus eurem Inneren, doch wahrlich, ihr seid euch des eigenen Lichtes noch nicht gewahr, wie so viele von euch. Ein goldener Schimmer umgibt euch, euer drittes Auge leuchtet, ist auf weithin zu erkennen, und doch tastet ihr euch langsam vor, nur langsam, augenscheinlich, wo ihr doch solch glanzvolle Kreaturen seid!

Euch sei, ihr seid willkommen, hier in unserem Kreise jederzeit, schon oft habt ihr uns besucht, gemeinsam, und doch seid ihr euch dessen selten gewahr! Wir zählen euch zu unseren engsten Freunden, hier in diesen Kreisen, nicht jeder geht hier ein und aus! Ein gewisses Maß an Licht, an Liebe ist euch zugänglich, ihr tragt es in eurem Herzen, wenn wir hier gemeinsam sind, und so wollen wir auch die Schüler der Melia nun einladen uns zu folgen, uns in unseren Gemächern, Gefilden, wie auch immer ihr dies nennen wollt, zu suchen und mit eurem Herzenslicht zu beglücken!

Gerne helfen wir, wenn hier in den Hallen von Amenti Schüler anklopfen, aufgenommen werden wollen, sehen wollen, erleben wollen, wie die Hallen des Lerners, des Lebens und Erlebens auf Freude überquellen, wie sich der Glanz des Lichtes hier über alles legt!

Mehr Licht, mehr Licht ist immer willkommen! Und ihr, liebe Schüler, wahrlich leuchtet! Melia ist dies Ganze nun wieder unangenehm, nicht als eine Kreatur des Lichts sieht sie sich, sondern allenfalls als den Türsteher, der dem Licht den Weg freimacht! Und doch könnte die Wahrheit nicht ferner liegen, doch wollen wir sie heute schonen mit unseren Belehrungen über ihren eigenen Lichtgrad und wollen sagen – woher das Licht auch kommt – gesellt euch zu uns! Seid mit uns! Dies ist eine auf ewig offene Einladung, wir freuen uns jeden Mehrs an Licht zu jeder Zeit!

Auf dann, schreiten wir zum nächsten Kapitel!

2 4

Eine andere Energie ist sie, die 24, sich selbst bewusst und strahlt hinaus! Ihrer Lehren, ihrer Talente bewusst, wissend, dass sie ihren Beitrag leistet – und das wollen wir euch auch anmahnen, angedeihen lassen! Werdet euch eures Lichtes, eurer Talente bewusst! Ein jeder von euch hat eine so spezielle Schwingung, keine gleiche findet sich im ganzen Universum!

Euer Licht ist euch eigens, ein jeder kennt euch, erkennt euch an eurer eigenen Färbung, am eignen Spiegelglanz! Ja, wahrlich schwer zu sehen ist das Licht, das durch das menschliche Gewand, die Emotion, das Denken doch so oft verhüllt wird für die Augen, die nicht gelernt haben zu sehen, wahrlich zu SEHEN! Doch seid euch gewiss, euer eigentliches Gewand, eure eigentliche Natur ist die des Lichts! Die schönsten Farben tragt ihr, nicht nur der Nacht, ihr funkelt, strahlt weit hinaus in das göttliche Universum!

Nun wissen wir, erneut seufzt die Schülerin, befindet dies für allzu esoterisch. Befindet, wir sollten doch die gleichen Inhalte mit etwas moderateren Worten transportieren. Doch dies ist nicht dienlich! Wie sollen wir zu euch vom Lichte sprechen, ohne das Licht selbst zu erwähnen? Wie sollen wir den Glanz, die Struktur, die Qualität des Lichtes beschreiben, wenn nicht mit Worten?

Ihre Bilder teilt die Schülerin nicht gern, wir wissen um diesen Fakt und wir planen dies einst zu ändern! Schon so allerlei Umwegen haben wir uns beholfen, auf dass sie ihr visuelles Licht ins Universum bringt. Sie hat andere kreieren lassen, nach ihrem Wunsch und Willen, war ihnen Inspiration, hat gelenkt, gestärkt und korrigiert, wo sie es bedurfte – und es waren wahrlich stattliche Ergebnisse! Nicht eindämmen konnte sie das Licht, von so vielen wurde es erblickt, doch offensichtlich, wer sein Absender war!

Beschieden hat sie sich nicht nur mit der zweiten Reihe, am liebsten mit der letzten oder doch der vorletzten. Solange sie frei war, ungesehen, fühlte sie sich sicher! Wieso sich zeigen mit seiner Kunst, wenn diese auch verschnitten, missverstanden werden konnte! Wer würde nicht das Licht sehen, so fragt sie sich, ja die, die es bewerten! Und so entzieht sie sich lieber dem

Urteil, das nicht ist, als in vollem Lichte zu erscheinen und sich eigen zu machen, was ihr eigen ist!

Aber auch diese Tage sind gezählt – einigermaßen missmutig und mit einem „wir werden ja sehen" nimmt sie dies zur Kenntnis, und doch weiß sie, wir werden recht haben, leichtnehmen kann sie diese Kritik nun und übergehen zu anderen Themen des Lichts, derer wir uns bemächtigen wollen!

Denn wir wollen auch auf das Nichtsein von Licht eingehen, dem vermeintlichen Nichtsein, dem nicht Gesehenwerden von Licht. Manche von euch möchten es gerne das Dunkle nennen. Diese Tatsache erschließt sich uns nicht, entbehrt jeglicher Logik, und doch nehmen wir sie gerne an als Bild, mit dem wir arbeiten werden.

Tatsache ist, wo kein Licht ist,
möchten wir sagen,
ist temporär kein Licht!
Ist aus eurem Blickwinkel kein Licht!

Doch das heißt keineswegs, dass das Licht nicht ist, den Raum nicht erfüllt, noch nie erfüllt hat oder erfüllen wird! Das Licht wird am Ende dorthin gehen, wo es sich erfüllen kann – und manchmal ist das in unseren dunkelsten Stunden.

Selbst wenn wir dem Lichte abgeschworen haben, es nicht sehen, an seine Existenz nicht glauben können, so ist doch der Nichtglaube nur ein Negativum, eine Verneinung dessen, was ist. Wie will man Nichtlicht beschreiben, ohne das Licht zu erwähnen? Wie will man Schmerz benennen, erklären ohne das Nichtvorhandensein von Schmerz?

Die Beschreibung des Schmerzes, des Leidens, des Dunklen bedarf also des Lichtes, was offensichtlich macht, dass es nur um einen graduellen Unterschied gehen kann, nur um eine Nuance, nur um ein WANN, nicht ein OB.

Ob sich das Licht erfüllt? Sicher! Doch es wartet, es lässt dir deinen freien Willen, und erst wenn du erkannt hast, dass du der Dunkelheit überdrüssig bist, sie wahrlich nicht mehr willst und wünschst, dich auch nur im Entferntesten der Möglichkeit öffnest, dass etwas anderes als die Dunkelheit dein Wunsch sein könnte, ja dann, sofort, noch ehe du es weißt oder benennen, gar wünschen kannst, ist das Licht schon da.

Es fängt an, die Dunkelheit zu erleuchten. Und dafür braucht es keine Zeit, das weißt auch du. Knipst du das Licht einmal an, so ist es da! So ist das mit dem Herzen – wird endlich hingesehen, so sagt es: „Ja, hier bin ich!" Manches Mal mag es etwas verzagt klingen, mag fragen, ob du wirklich *es* meinst, da du dich so lange nicht gemeldet, es gar verleugnet, beschimpft und beschuldigt hast. Doch es ist da, wartet ab, und dann, ganz zaghaft, ist es da, zeigt sich dir, zumindest wenn du danach suchst.

Danach magst du dich wieder dem Dunkel widmen, denn es war dir lange Zeit Gewohnheit. Bis der Moment kommt, da du dich des Lichts erinnerst und erneut anklopfst in deinem Herzen.

Dieser Prozess kann Jahre gehen,
Jahrzehnte, ganze Leben!
Doch du kannst ihn beschleunigen.
Du kannst hier und jetzt entscheiden
alle Mauern einzureißen
– oder wenigstens doch ein Stockwerk!

Kannst sehen, was dir dienlich ist, welchen Grad an Licht du halten kannst und willst. Welcher dir dienlich ist jetzt, in diesem Moment. Im nächsten mag dies bereits ein anderer sein, und das ist gut so.

Es ist deine Wahl, es steht dir frei und offen! Keiner kritisiert dich, mahnt dich an, wenn du noch nicht so weit bist, das Licht zu halten. Und doch wollen wir sagen, dein Kopf kennt diese Antwort nicht. Frage dein freies Selbst, wie viel Licht es halten kann und will, und die Antwort wird dich überraschen: Alles kann es halten, alles!

Allerdings versteht es um deine persönliche Konstitution und wird dich gewähren lassen auf eine Art und Weise, die du wählst, die dir Wunsch und Wille ist.

So horche in dich rein, lasse dich weise beraten, und dann entscheide! Frei und unvergolten! Deine Entscheidung ist die einzige, die es gibt. Deine Entscheidung zählt. Und du darfst sie in jedem Moment neu treffen, neu vergeben und dich dem öffnen, was du wünschtest und somit zur Entstehung gebracht hast!

Wohlan, liebe Freunde, wohlan – widmen wir uns nun der Nummer 25, und der Schülerin schwant es bereits …!

Von der Erhebung wollen wir sprechen, von der Revolution, die in euch heranbricht, die aufbrandet und ihre Bahnen bricht, sich vorantreibt, erhebt und versenkt in euch!

Endlich, geliebte Freunde, Mitgeschwister, endlich! Endlich erlaubt ihr euch zu sein! Neue Erwartung brandet in euch auf, neue Horizonte wollen gesehen werden, dies spürt ihr ganz deutlich! Nach dem Lichte sehnt es euch, danach trachtet ihr in jeder WACHEN Minute!

Und doch werdet ihr zunächst eure eigenen Grenzen spüren, werdet spüren, wo ihr das Licht noch nicht willkommen heißt in eurem Körper, eurer Emotion, eurem Sein mit euren Mitmenschen!

Eine umfassende Revolution, eine innere Revolution, ein großer Kampf ist euch angetan, und doch tretet ihr ihn an in einem Bewusstsein, dass er euch nur gelingen kann! Denn nur dieser Kampf will gefochten werden, will erklommen werden – der, der gewonnen werden kann UND muss!

Das Licht in euch wird siegen, muss siegen, wird triumphieren über das, was sich ihm einst in den Weg gestellt hat – dich selbst!

Du selbst wirst den Sieg
über dich, deine Gewohnheiten,
deine Muster, dein verneinendes Sein
im Hier und Jetzt feiern!

Du wirst dich über dich selbst erheben, über deine kühnsten Träume hinaus, du wirst alle Erwartungen übersteigen!

Das klingt größenwahnsinnig? Nein, wir wollen sagen größenbewusst! Denn wahrlich, bezeichneten wir euch nicht als Licht all die Zeit, all die Zeilen lang? Sagten wir nicht, euch wohnt Großes inne? Dass ihr in eurem eigenen Glanz erstrahlen könnt, wenn ihr euch nur lasst? Lasst es zu, was eh sein wird und bereits ist!

Auf dem Weg der Entfaltung seid ihr allesamt! Ob ihr dies lichtvoll, liebevoll, bewusst, klar, wertschätzend, ergebend, enthemmend, kreativ, gestalterisch oder gar künstlerisch nennt – dies ist einerlei, denn es ist alles nur ein Label, nichts als ein weiteres Etikett für eure Essenz, für euer Licht, für eure Liebe und Liebesfähigkeit, für euer Gefäß, in dem sich die Liebe erfüllt und sich spiegelt, während ihr die Liebe verströmt und so vermehrt!

Ha, so haben sich diese Worte doch tatsächlich eingeschlichen, vorbei an der Schülerin, die hier normalerweise erneut einen Filter setzen würde und unseren Redeschwall zu unterbrechen beabsichtigt! Zu viel von Erhabenem, Großem wird hier gesprochen, das in uns allen gefunden werden kann, jedem Einzelnen von euch! Dass dies in uns, dem Komitee, zu finden sei, ja, das leuchtet ihr ein! Doch dass auch dies zu finden sei in jedem Bauern, jedem Knecht, jeder Magd des großen Ganzen, jedem König, jeder Königin, jedem, allem, was kreucht und fleucht – das ist ihr fremd. Gerade so kann sie es noch akzeptieren, so sie denn selbst ausgenommen von dieser Masse bleibt, weiß sie doch um ihre Schuld, wie sie sie nennt. Wir nennen sie das Leben.

Das Leben selbst kommt nicht aus ohne Verfehlungen, ohne Fehltritte, ohne falsches Geleit! Es kommt nicht aus ohne die Verneinung, die Verschließung, den Verdruss, den Hass, den Gram.

Wie sollte sonst das Licht
erlebbar werden
ohne sein Gegenteil?
Wie sonst sollte die Liebe
zur Geltung kommen
als in der Lieblosigkeit?

Wie sonst solltet ihr in eure Entscheidungsfreiheit finden und ihren Wert anerkennen, ohne sie wahrlich gesehen und angenommen zu haben? Wie soll diese Entscheidung *frei* sein, wäret ihr gegängelt, hättet nicht die Möglichkeit, auch ein „nein" als Ausdruck eures „So bin ich" zu wählen?

Das ist wahre Freiheit, liebe Freunde, und so das Ende feststeht, denn ein jeglich lebendes Wesen WILL doch sich dem Lichte verschreiben, will die Freiheit spüren, will in Liebe sein, will seinen Ausdruck feiern! Und früher oder später bedeutet dies die Ergebung im Licht – doch der Zeitpunkt, das Maß, der Moment will gut gewählt und von euch gewählt sein!

Niemand gibt ihn vor, es gibt allenfalls Momente, die es euch leichter machen, es förmlich nahelegen, Umstände, die euch hinweisen auf eure Möglichkeiten – so wie dieses Buch, wie dieser unser Ruf, wie das Flehen eures Herzens, euch nicht länger zu verschmähen! Doch der Ruf will gehört sein – und er verhallt nicht, nur weil er NOCH nicht gehört wurde.

Er ist allzeit präsent, immerdar, denn er ist der Ruf der Liebe, die immer ist und nur geborgen, gefunden werden muss. Gesehen im Licht des Lichts! Fortan, liebe Schüler, auf zur 26 …

Ein Lied der Freundschaft will gesungen werden! Ein Lied der Freundschaft, hinweg über alle Grenzen.

Nichtdienliches entsagt sich,
Sieht, was angestimmt,
Einst angestimmt wurde
In der raum- und zeitlosen Dimension.

Es entfaltet sich nun,
Was zur Erhebung bestimmt ward.
Nun, jetzt, in diesem Moment,
Ewiglichen Moment des Jetzt,
Erhebt sich die Schülerin,
Wie ihr euch erhebt, liebe Schüler!

Unsere Reise ward getan,
Ein neues Lied haben wir angestimmt,
Hoffend, ihr würdet euch
In unseren Kanon fügen.

Doch auch euer eigenes Lied
Soll hier erklingen,
Und es darf durchaus Dissonanzen geben,
So sie denn euerm Selbst entsprechen,
Eurem So-Sein,
Jetzt und in diesem Moment.

Wir wollen sagen, probiert es doch einmal,
Fügt euch dem Kanon und sehet, was passiert.

Wahrlich Goldenes könnte sich erheben
Und euer eigen Lied umso mehr bereichern.

Auf dass es erklinge
In noch vollerem Tone,
Mit noch schöneren Stimmen
In schönerer Kleidung
Als bisher.

Dein Lichtkleid,
Wahrlich, dein Lichtkleid, deine Essenz,
Sie ist nun angestimmt,
Versetz dich hinein, probiere es an.
Probiere, wie es sitzt – und dann schneidere es neu!

Entscheide, wie du sein
Und strahlen und wirken willst!
Immer fortan,
Immer heiter, immer weiter!

Wir lassen dies nun gesagt sein und freuen uns mit euch auf
den Schlussakkord, das Kapitel 27, dem wir uns bei Gelegenheit mit der Schülerin widmen werden.

Wir empfehlen nun den Schlussakkord zu setzen! Nun, da du den freien Raum vor dir hast, erfühlst, erahnst, dass wir uns erneut mitteilen wollen, dass wir mitten in dir sind, dass wir mit dir die Freude wie die Trauer teilen!

Das Buch ist weit vorangeschritten, einen ersten Auftakt hat es gebildet zu dem, was kommen wird, was im Entstehen ist. Nur einen ersten Auftakt, nichts weiter. Nichts muss hier abgeschlossen sein – in sich stimmig ist es dennoch! So wirst du es feststellen, wenn du es nun demnächst zum ersten Mal liest, dass es TATSÄCHLICH in sich stimmig ist, auch wenn du es bezweifelst.

Erneut lassen wir euch teilhaben an den Zweifeln, an der mächtigen Selbstkritik der Schülerin, dass dieses unser gemeinsames Werk möglicherweise nicht vollkommen sein könnte!

Es mag nicht vollkommen sein
an Informationsdichte,
an Erklärbarem für den Kopf
– doch mit dem Herzen kann es
VOLLENDS gehört werden,
VOLLENDS wahrgenommen werden und
VOLLENDS zu wahrer Größe gereichen!
Zu eurer Größe, euch in euer
waches Entstehen zu verhelfen!

Wahrlich gerne sind wir euer Vehikel hierfür, die Schülerin geziemt sich dem zuzustimmen! Allzu gerne machen wir dies, folgen wir unserem „Job", wie auch die Schülerin ihren neuen

Job, als Medium für uns tätig zu sein, endlich annimmt, in aller Liebe annimmt! Mit dem großen „M"-Wort tut sie sich schwer, ist sie doch ein ganz normaler Mensch, eine bodenständige, liebende Frau, die sich mit großer Hingebung und Sorge ihrem Manne und ihrer Familie widmet, immer da ist, wenn sie gerufen wird, und sich eher als treusorgenden Teil im Hintergrund eines Konstruktes sieht. So sah sie sich immer – und doch ist etwas Neues in ihr erwacht! Etwas, das gesehen werden will! Endlich, so möchten wir sagen, endlich! Denn dein Glanz, liebe Schülerin, darf von dir erfahren werden, so wie ihr alle euren Glanz erfahren solltet!

Wählt, schreitet voran und verschreibt euch eurem Glanz, eurem Licht, eurem „So bin ich" – hier und jetzt! Öffnet euch für die Möglichkeiten, dass ihr mehr seid, als ihr bisher vernommen habt, als ihr euch selbst gestattet habt zu sein, als ihr bisher erfahren durftet! Öffnet euch für all die schönen Möglichkeiten, die da kommen könnten, an eure Tür klopfen und euch rufen hinaus ins Abenteuer!

Dies sei unser dienlichster Wunsch für euch,
dass ihr auf das Klopfen hört,
auf das leise Anklopfen
eures Herzens an euerer Tür,
auf dass ihr euch
eurem mächtigen Sein ergebt,
eurem Befreiten Selbst!

Wohlan, liebe Schüler, wohlan!

Eigentlich sind wir fertig, doch die Schülerin will noch nicht ganz ablassen von uns. Will uns nicht ziehen lassen, so eng ist die Freundschaft, so glücklich ist sie über unsere Zusammenkunft!

Doch auch der Zweifel nagt an ihr, ob alles gut sei, so wie es ist. Und der Zweifel mag auch an euch nagen, ob ihr gut seid, so wie ihr seid, wisst ihr doch auch um eure Verfehlungen, über euer Werden und Entstehen, über euer Noch-auf-dem-Weg-Sein! Doch wir sagen euch – legt den Zweifel beiseite, freut euch der Freude, freut euch des Lebens, blickt wach auf die schönen Dinge, auf alles, was ihr schon habt in Liebe entstehen lassen!

Blickt auf und erwartet freudig das, was ihr plant in Entstehung zu bringen, seid dankbar dafür, dass es bereits auf dem Weg zu euch ist, und freut euch an der Freude des Schöpfers, der sieht und fühlt, wie sehr ihr, seine schönste Schöpfung, Teil der Natur, sich selbst zum Schöpfer kürt und freudvoll die Liebe teilt und mehrt, auf dass mehr in Freude, mehr in Liebe angedeiht von nun an fort!

Wohlan, LIEBSTE Schüler, voran!